EXCEL 2016 엑셀

KB142934

교 재에서 사용하는
실습파일 및 완성파일은
교학사 홈페이지
www.kyohak.co.kr
[자료실]에서 다운로드하여
사용하세요

01 엑셀 2016 시작하기

S·e·c·t·i·o·n

엑셀은 수식이 필요한 문서 작성과 많은 양의 데이터 관리를 효율적으로 하기 위해 많이 사용되는 프로그램으로 급여, 제품의 입출고, 고객관리 등 회사 업무에 관련된 작업을 할 수 있습니다.

01 엑셀 2016 실행과 화면 구성 알아보기 ★

1 [시작]-[모든 프로그램]-[Microsoft Office]-[Microsoft Excel 2016]을 순서대로 클릭하면 그림과 같이 시작 화면이 나타납니다. 엑셀 문서를 작성하기 위해 '새 통합 문서'를 클릭합니다.

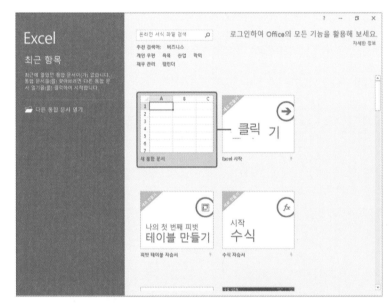

2 통합 문서 창이 나타나면 엑셀 화면 구성을 살펴봅니다.

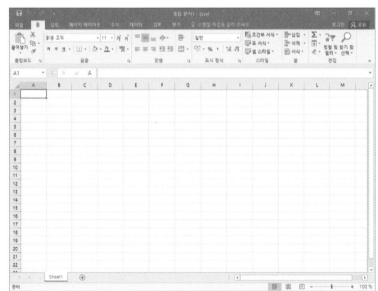

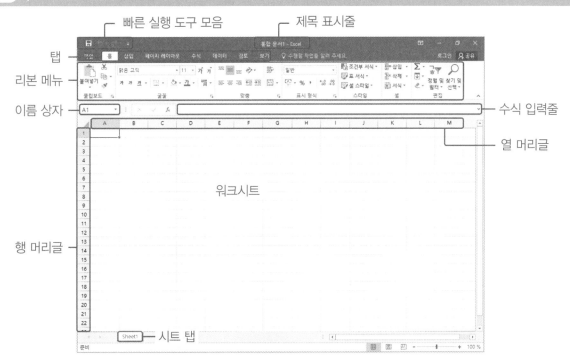

- **빠른 실행 도구 모음** : 자주 사용하는 명령을 등록하여 빠르게 실행할 수 있으며, 빠른 실행 도구 모음 사용자 지정 단추를 클릭하여 다른 명령을 추가하거나 삭제할 수 있습니다.

- **제목 표시줄** : 엑셀로 작성한 문서 파일을 통합 문서라고 합니다. 엑셀 문서를 저장하면 파일명이 표시됩니다.

- **탭** : 엑셀에서 사용할 수 있는 명령을 모아 놓은 곳으로 [홈], [삽입], [페이지 레이아웃], [수식], [데이터], [검토], [보기] 등 7개의 기본 탭으로 분류해 놓았습니다.

- **리본 메뉴** : 메뉴 탭을 클릭하면 서로 관련 있는 것끼리 그룹으로 분류되어 원하는 명령을 실행할 수 있습니다.

- **이름 상자** : 셀 포인터가 위치한 현재 셀의 주소를 표시합니다. 'A1'은 셀 포인터가 A행 1열에 있다는 것을 의미합니다.

- **수식 입력줄** : 셀 포인터가 위치한 곳에 입력된 내용을 표시하며, 데이터를 입력하거나 수정할 수 있습니다.

- **워크시트** : 입력한 데이터를 이용하여 엑셀 작업할 수 있습니다.

- **행 머리글** : 1,048,576개의 행을 숫자로 표시한 곳입니다.

- **열 머리글** : 16,384(XFD)개의 열을 영문으로 표시한 곳입니다.

- **시트 탭** : 통합 문서에 있는 모든 시트의 이름입니다.

TIP

워크시트의 크기 : 엑셀의 워크시트는 1,048,576개의 행과 16,384(XFD)개의 열로 구성되어 있습니다.
셀 포인터 : 현재 선택된 셀을 알려주는 굵은 테두리를 셀 포인터라고 합니다.

1 워크시크에 그림과 같이 데이터를 입력합니다.

	A	B	C	D	E	F	G
1							
2		애견 용품 판매 현황					
3							
4		제품코드	제품명	날짜	수량	단가	
5		P-001	애견 식탁	2018-05-06	10	9900	
6		P-002	탈취제	2018-04-08	5	4980	
7		P-003	패드	2018-09-04	16	5890	
8		P-004	안전문	2018-10-10	20	28900	
9		P-005	사료 보관통	2018-12-21	5	4900	
10		P-006	퍼피 샴푸	2018-06-06	25	5430	
11		P-007	자동 식기	2018-03-01	10	4900	
12		P-008	봉제 장난감	2018-04-07	20	3000	
13		P-009	노즈워크	2018-08-25	35	16000	
14							

2 작성한 내용을 저장하기 위해 [파일]-[저장]을 클릭합니다. [다른 이름으로 저장] 화면에서 [문서]를 클릭합니다.

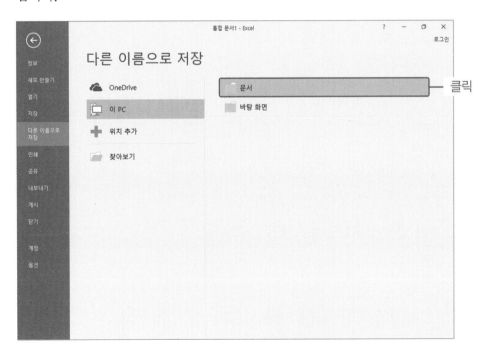

③ [다른 이름으로 저장] 대화상자에서 파일을 저장할 폴더를 지정한 후 파일 이름을 그림과 같이 입력한 다음 [저장]을 클릭합니다.

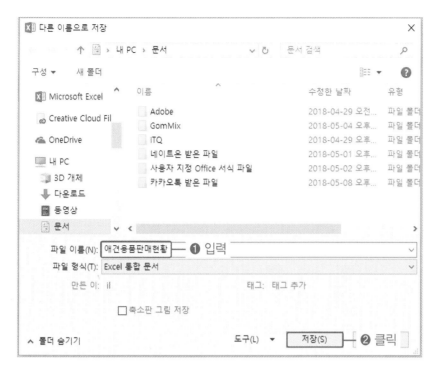

④ 저장한 통합 문서를 닫기 위해 [파일]-[닫기]를 클릭합니다.

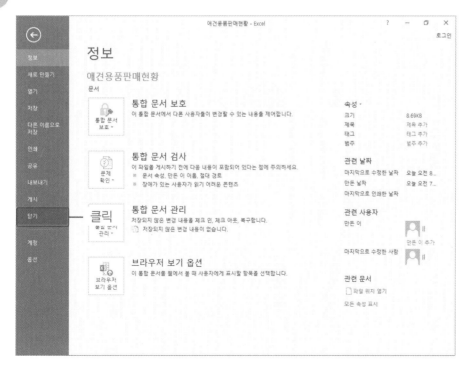

1 저장된 문서를 열기 위해 [파일]-[열기]를 클릭합니다. [열기] 화면에서 [찾아보기]를 클릭합니다.

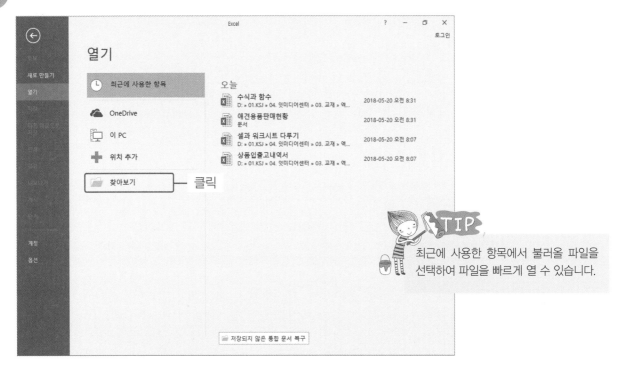

TIP 최근에 사용한 항목에서 불러올 파일을 선택하여 파일을 빠르게 열 수 있습니다.

2 [열기] 대화상자에서 앞에서 저장한 파일이 있는 폴더에서 '애견용품판매현황.xlsx'를 선택한 후 [열기]를 클릭합니다.

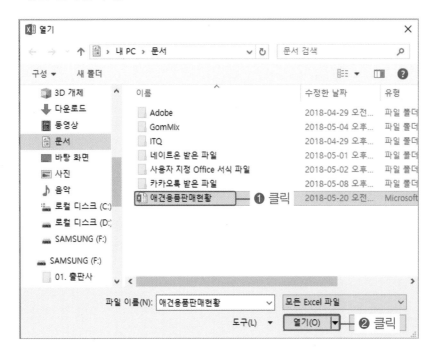

③ 그림과 같이 문서가 화면에 나타납니다. [B14] 셀부터 내용을 추가로 입력한 다음 ☒ (닫기)를 클릭합니다.

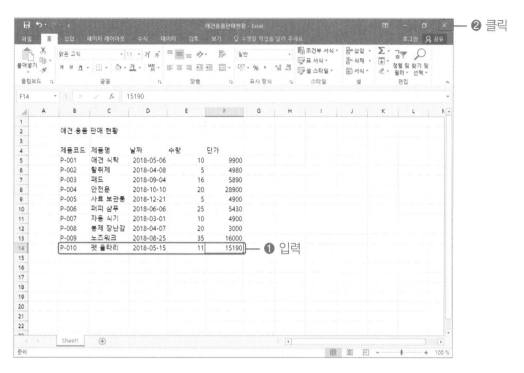

④ 추가로 데이터를 입력한 후 저장하지 않은 상태이므로 변경된 내용을 저장할 것인지 묻는 메시지 창이 나타납니다. [저장]을 클릭하면 변경된 내용을 저장하고 엑셀을 종료합니다.

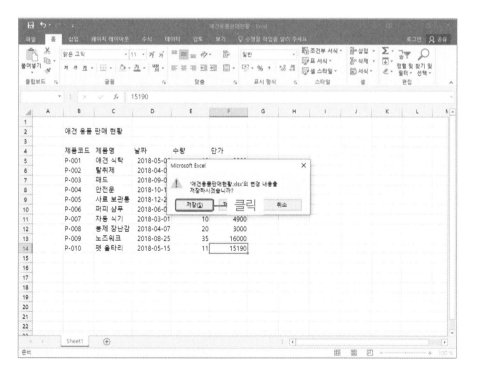

01 그림과 같이 데이터를 입력한 다음 '마케팅현황.xlsx'로 저장해 보세요.

	A	B	C	D	E	F	G	H
1								
2		고객 마케팅 현황						
3								
4		고객ID	성명	직업	생년월일	예상인상률	예상인상률	
5		H20021	김교학	전문직	23126	0.05	0.05	
6		E20082	김은조	사무직	26715	0.07	0.07	
7		H20071	이황규	전문직	29247	0.09	0.09	
8		H20081	명노찬	자영업	24692	0.1	0.1	
9		H20061	차경진	사무직	21756	0.08	0.08	
10		E20052	이윤미	자영업	30436	0.12	0.12	
11		H20011	서현명	전문직	27515	0.07	0.07	
12		H20032	황은지	사무직	26195	0.06	0.06	
13								

02 그림과 같이 데이터를 입력한 다음 '차량비교현황.xlsx'로 저장해 보세요.

	A	B	C	D	E	F	G	H
1								
2		차량 비교 현황						
3								
4		차종	회사	최저배기량 (단위 : CC)	가격 (만원)	연비 (1만 Km)	1년 세금	
5		클릭	현대	1400	756	126	101952	
6		베르나	현대	1400	861	126	254800	
7		마티즈	쉐보레	796	623	94	82780	
8		K5 하이브리드	기아	1999	2848	101	129860	
9		프라이드	기아	1399	894	128	254600	
10		젠트라	쉐보레	1206	907	112	219480	
11		SM3	르노삼성	1596	1073	135	290460	
12		티볼리 에어	쌍용	1597	2018	150	519480	
13								

TIP

하나의 셀에서 2줄을 입력하려면 **Alt** + **Enter** 를 눌러 줄을 바꾸면 됩니다.

'통신요금.xlsx' 파일을 불러와 데이터를 추가해 보세요.

	A	B	C	D	E	F	G	H
1								
2					**통신요금 현황**			
3								
4		고객번호	고객명	거래은행명	납기일	이용금액	전월대비이용률	
5		8100G	이선진	국민	2019-09-15	36100	129%	
6		8103G	박서현	우리	2019-09-27	48500	92%	
7		8200P	최인영	하나	2019-09-10	78900	197%	
8		8105G	홍민정	하나	2019-09-27	25460	48%	
9		8230P	허신회	우리	2019-09-15	112030	150%	
10		8206P	한명준	국민	2019-09-15	101200	64%	
11		8120G	고민규	하나	2019-09-10	36000	114%	
12		8109P	김성회	국민	2019-09-27	89000	154%	
13								

 그림과 같이 데이터를 입력하고 '예약현황.xlsx'로 저장해 보세요.

	A	B	C	D	E	F	G	H
1								
2		햇빛 리조트 예약 현황						
3								
4		예약번호	고객명	숙소구분	평형	사용요금(1박)	예약일자	
5		C2-001	한수진	가족호텔	25	73000	2019-12-12	
6		C1-001	윤영호	그린호텔	33	128000	2019-12-06	
7		C3-001	박정미	일반호텔	20	55000	2019-12-20	
8		C3-002	김광수	그린호텔	40	175000	2019-12-19	
9		C2-002	이민주	그린호텔	35	145000	2019-12-05	
10		C2-003	하경민	가족호텔	33	85000	2019-12-13	
11		C1-002	진선미	가족호텔	40	105000	2019-12-21	
12		C3-003	최호연	일반호텔	25	65000	2019-12-11	
13								

02 데이터 입력하기

S·e·c·t·i·o·n

엑셀 데이터는 문자, 숫자, 날짜, 시간, 수식으로 구분되며, 간단한 문서를 작성한 후 저장할 수 있습니다. 워크시트에 다양한 데이터를 입력하는 방법에 대해 알아봅니다.

01 엑셀 데이터 입력하기 ★

1 그림과 같이 문자, 숫자 데이터를 입력하고, 날짜 데이터의 년, 월, 일은 하이픈(-)으로 구분하여 "년-월-일" 형태로 입력한 다음 [B] 열 머리글 오른쪽 경계선을 마우스로 드래그하여 셀 너비를 조절합니다.

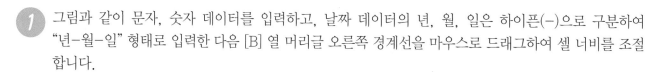

▲	A	B	C	D	E	F
1						
2		마리아 칼라스 홀 5월 예약 현황				
3						
4		대관홀	예약일	대관료	예약시간	
5		인디비주얼홀	2019-05-02	350000	10:00	
6		솔리터리홀	2019-05-13	250000	13:00	
7		크리에이티브홀	2019-05-08	400000	15:00	
8		솔리터리홀	2019-05-20	250000	11:00	

2 [F4] 셀에 "장비대여요금"을 입력한 다음 **Alt** + **Enter** 를 눌러 줄을 바꾼 다음 "(단위:원)"을 입력하고 **Enter** 를 누릅니다.

▲	A	B	C	D	E	F	G
1							
2		마리아 칼라스 홀 5월 예약 현황					
3							
4		대관홀	예약일	대관료	예약시간	장비대여요금	
5		인디비주얼홀	2019-05-02	350000	10:00	(단위:원)	
6		솔리터리홀	2019-05-13	250000	13:00		
7		크리에이티브홀	2019-05-08	400000	15:00		
8		솔리터리홀	2019-05-20	250000	11:00		
9							

③ [F5] 셀부터 [F9] 셀까지 그림과 같이 데이터를 입력합니다. [F] 열의 너비를 조절하기 위해 [F] 열 머리글의 오른쪽 경계선을 마우스로 드래그하여 열 너비를 조절합니다.

TIP

열 너비와 행 높이 조절 : 열 머리글의 오른쪽 경계선 또는 행 머리글의 아래쪽 경계선을 마우스로 드래그하여 크기를 조절할 수 있으며, 경계선을 더블클릭하면 입력된 데이터의 길이에 따라 자동으로 셀 크기가 조절됩니다.

02 기호와 한자 입력하기 ★

① [B10] 셀에 한글 자음 "ㅁ"을 입력하고 [한자]를 누릅니다. 기호 문자 목록이 나타나면 원하는 기호를 클릭합니다. 여기서는 6번을 선택했습니다.

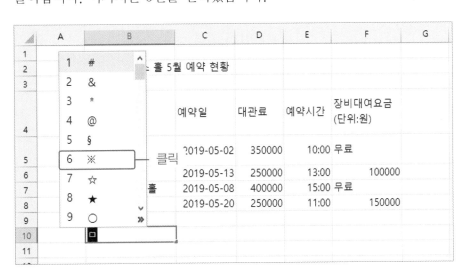

② 선택한 기호 문자가 입력되면 그림과 같이 내용을 입력합니다.

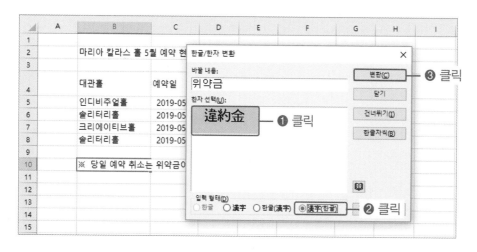

	A	B	C	D	E	F	G
1							
2		마리아 칼라스 홀 5월 예약 현황					
3							
4		대관홀	예약일	대관료	예약시간	장비대여요금 (단위:원)	
5		인디비주얼홀	2019-05-02	350000	10:00	무료	
6		솔리터리홀	2019-05-13	250000	13:00	100000	
7		크리에이티브홀	2019-05-08	400000	15:00	무료	
8		솔리터리홀	2019-05-20	250000	11:00	150000	
9							
10		※ 당일 예약 취소는 위약금이 발생됩니다.					
11							

③ "위약금"을 한자로 변환하기 위해 커서를 "위약금"을 블록 설정한 다음 [한자]를 누릅니다. [한글/한자 변환] 대화상자에서 한자 단어를 선택합니다. 입력 형태를 '漢字(한글)'을 선택한 다음 [변환]을 클릭합니다.

	A	B	C	D	E	F	G	H	I
1									
2		마리아 칼라스 홀 5월 예약 현							
3									
4		대관홀	예약일						
5		인디비주얼홀	2019-05						
6		솔리터리홀	2019-05						
7		크리에이티브홀	2019-05						
8		솔리터리홀	2019-05						
9									
10		※ 당일 예약 취소는 위약금이							
11									
12									
13									
14									
15									

한글/한자 변환 ×
바꿀 내용:
위약금
한자 선택(U):
違約金 ──❶ 클릭
변환(C) ──❸ 클릭
닫기
건너뛰기(I)
한글자씩(B)

입력 형태(D)
○한글 ○漢字 ○한글(漢字) ◉漢字(한글) ──❷ 클릭

④ 그림과 같이 한자로 변경된 것을 확인할 수 있습니다.

	A	B	C	D	E	F	G
1							
2		마리아 칼라스 홀 5월 예약 현황					
3							
4		대관홀	예약일	대관료	예약시간	장비대여요금 (단위:원)	
5		인디비주얼홀	2019-05-02	350000	10:00	무료	
6		솔리터리홀	2019-05-13	250000	13:00	100000	
7		크리에이티브홀	2019-05-08	400000	15:00	무료	
8		솔리터리홀	2019-05-20	250000	11:00	150000	
9							
10		※ 당일 예약 취소는 違約金(위약금)이 발생됩니다.					
11							

기호 삽입하는 또다른 방법

- [삽입] 탭의 [기호]를 이용하는 방법에서 [하위 집합]의 목록에서 '네모 기호', '도형 기호', '기타 기호' 등 기호를 선택하여 입력할 수 있습니다.

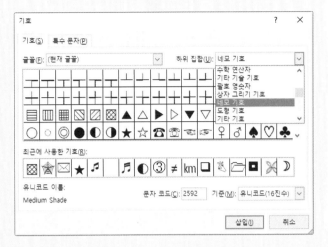

- [기호] 탭의 [글꼴] 목록에서 'Webdings, Wingdings, Wingdings 2, Wingdings 3'을 선택하여 입력할 수 있습니다.

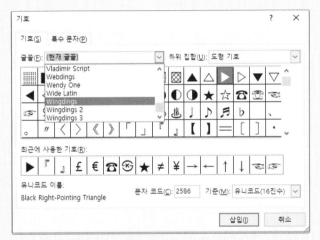

- 한글의 자음과 [한자]를 이용하여 특수기호를 입력할 수 있습니다.

자음	구분	특수문자	자음	구분	특수문자
ㄱ	특수기호	! , . / : ; ? ^	ㅇ	영어 원문자, 괄호문자	ⓐⓑⓒ①②(a)(b)
ㄴ	괄호문자	" ( ) [ ] { } ≪ ≫	ㅈ	로마 숫자	ⅰ ⅱ ⅲ Ⅰ Ⅱ
ㄷ	수학기호	+ − 〈 = 〉 ∈	ㅊ	분수와 첨자	½ ⅓ ¼ ⅛ ^{12n}
ㄹ	단위	$ % ₩ ℃ ㎣	ㅋ	자모음	ㄱ ㄲ ㄳ ㄴ ㄵ ㄶ
ㅁ	도형문자	# & ※ ★ ○	ㅌ	고어	ㅥ ㅦ ㅩ ㅪ ㅸ ㅹ
ㅂ	괘선	─ ┌ ┐ ├ └	ㅍ	영문자	A B C D
ㅅ	한글 원문자, 괄호문자	㉠ ㉡ ㉢ (ㄱ) (ㄴ)	ㅎ	로마문자	Α Β Γ Δ Ε Θ Ω Φ

셀프 테스트

01 그림과 같이 데이터를 입력하고 셀 크기를 조절해 보세요.

	A	B	C	D	E	F
1						
2		직원 교육 이수 과목 현황				
3						
4		번호	이름	직위	교육시간	교육 이수 과목
5		1	송덕희	부장	5	비법전수 엑셀
6		2	김정훈	과장	12	웹디자인 실무
7		3	한미소	사원	6	ITQ Master
8		4	이현욱	과장	6	비법전수 PT
9		5	이여름	사원	10	정보보안 실무
10		6	정찬욱	대리	8	인포그래픽 활용
11		7	오영선	사원	6	ITQ Master
12		8	정미옥	사원	10	정보보안 실무
13		9	유정선	사원	5	비법전수 엑셀
14						

02 그림과 같이 데이터를 입력하고 현황을 한자(現況)로 변환해 보세요.

	A	B	C	D	E	F
1						
2		■ 지역별 A/S 처리 現況 ■				
3						
4		번호	지역	담당기사	방문접수	택배접수
5		1	부천	전지호	126	87
6		2	수원	박연우	201	95
7		3	시흥	김종헌	153	79
8		4	시흥	박건우	127	83
9		5	화성	김서영	62	54
10		6	수원	송예린	54	69
11		7	화성	전준호	152	112
12		8	시흥	용화숙	112	80
13		9	시흥	이수만	135	97
14		10	부천	이종호	142	111
15						

그림과 같이 데이터를 입력한 다음 '사무용품.xlsx'로 저장해 보세요.

▲	A	B	C	D	E	F	G
1							
2		2019년 상반기 사무용품 현황					
3							
4		제품코드	제품명	입고일	입고량	출고량	할인율
5		QA-495	가위	2019-06-29	100	35	10%
6		PE-672	형광펜	2019-06-29	200	25	15%
7		TM-891	투명테이프	2019-06-29	180	15	5%
8		AH-938	A3 용지	2019-06-29	150	85	10%
9		QW-349	볼펜	2019-06-29	300	12	5%
10		AH-128	A4 용지	2019-06-30	100	80	5%
11		TM-234	양면테이프	2019-06-30	250	180	15%
12		UU-384	포스트잇	2019-06-30	350	200	15%
13		TM-511	박스테이프	2019-06-30	200	100	5%
14		DO-933	칼	2019-06-30	250	160	10%

 3번에서 저장한 '사무용품. xlsx' 파일을 불러와 그림과 같이 한자와 특수문자를 입력해 보세요.

▲	A	B	C	D	E	F	G
1							
2		▶▶ 2019년 상반기 사무용품 현황 ◀◀					
3							
4		제품코드	제품명	入庫日	入庫量	出庫量	割引率
5		QA-495	가위	2019-06-29	100	35	10%
6		PE-672	형광펜	2019-06-29	200	25	15%
7		TM-891	투명테이프	2019-06-29	180	15	5%
8		AH-938	A3 용지	2019-06-29	150	85	10%
9		QW-349	볼펜	2019-06-29	300	12	5%
10		AH-128	A4 용지	2019-06-30	100	80	5%
11		TM-234	양면테이프	2019-06-30	250	180	15%
12		UU-384	포스트잇	2019-06-30	350	200	15%
13		TM-511	박스테이프	2019-06-30	200	100	5%
14		DO-933	칼	2019-06-30	250	160	10%

자동 채우기

일련번호나 사용자 지정 목록에 등록되어 있는 데이터를 자동 채우기 기능을 이용하여 빠르게 입력할 수 있습니다.

01 자동 채우기로 데이터 입력하기 ★

1 '자동채우기.xlsx' 파일을 불러옵니다. [B3] 셀을 선택한 다음 채우기 핸들을 [B13] 셀까지 드래그합니다.

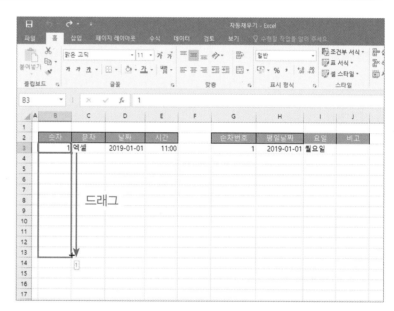

2 [B13] 셀까지 같은 숫자가 자동으로 채워지면서 복사됩니다. 문자가 입력되어 있는 [C3] 셀을 선택한 다음 채우기 핸들을 [C13] 셀까지 드래그합니다.

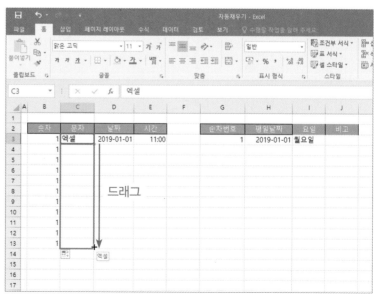

③ [C3] 셀에 입력되어 있는 문자가 자동으로 채워지면서 복사됩니다. 이번에는 날짜와 시간이 입력되어 있는 [D3] 셀부터 [E3] 셀까지 블록을 설정한 다음 [E13] 셀까지 드래그합니다.

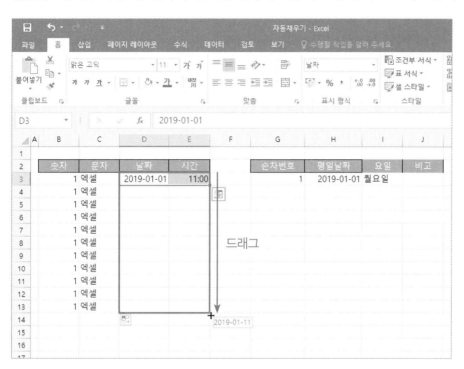

④ 날짜는 1일 단위, 시간은 1시간 단위로 자동으로 채워집니다.

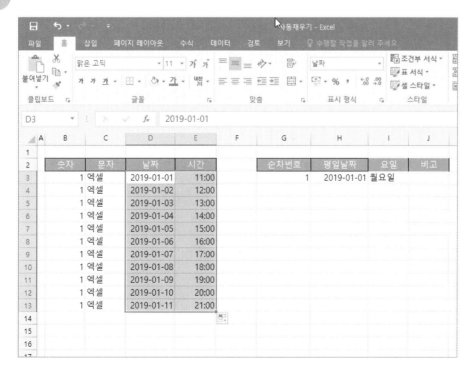

5 이번에는 일련번호를 입력하기 위해 [G3] 셀을 선택합니다. 채우기 핸들을 [G13] 셀까지 드래그한 다음 🔳▾ (채우기 옵션)을 클릭하여 '연속 데이터 채우기'를 클릭합니다.

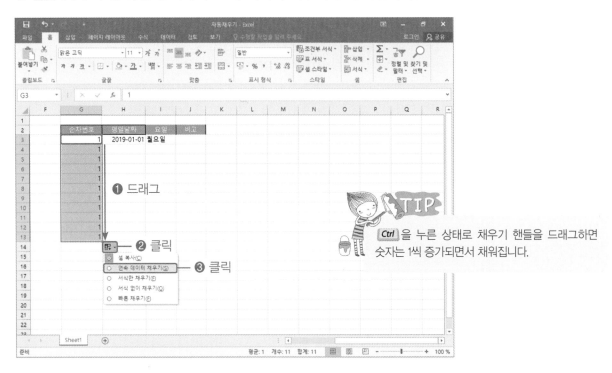

6 숫자가 그림과 같이 1씩 증가되면서 채워집니다. 이번에는 평일 단위 날짜를 입력하기 위해 [H3] 셀을 선택한 다음 채우기 핸들을 [H13] 셀까지 드래그합니다. 🔳▾ (채우기 옵션)을 클릭하여 '평일 단위 채우기'를 클릭하면 날짜가 평일 단위로 자동으로 채워집니다.

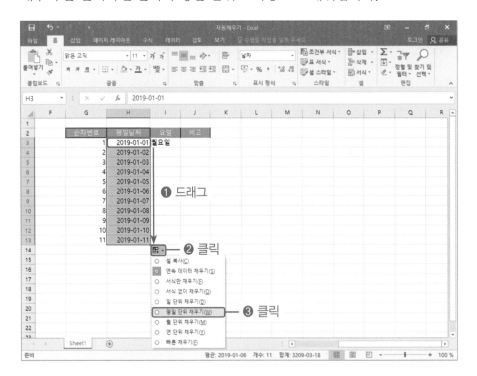

① [I3] 셀을 선택한 다음 채우기 핸들을 [I13] 셀까지 채우기 핸들을 드래그하면 사용자 지정 목록에 등록되어 있는 데이터가 자동으로 채워집니다.

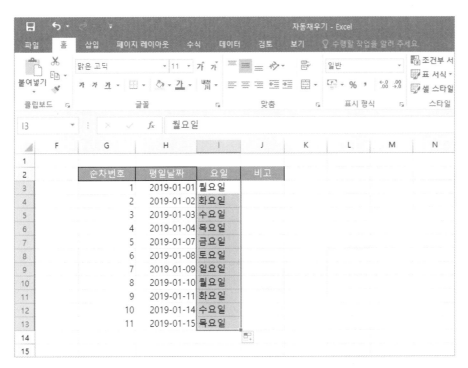

② 사용자 지정 목록에 새로운 항목을 등록하기 위해 [파일] 탭의 [옵션]을 클릭합니다. [Excel 옵션] 대화상자에서 [고급]의 [일반] 영역에서 [사용자 지정 목록 편집]을 클릭합니다.

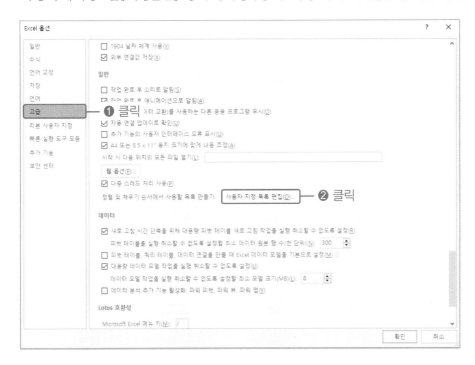

③ [사용자 지정 목록] 대화상자에서 새로 등록할 내용을 그림과 같이 입력한 후 [추가]와 [확인]을 차례로 클릭합니다.

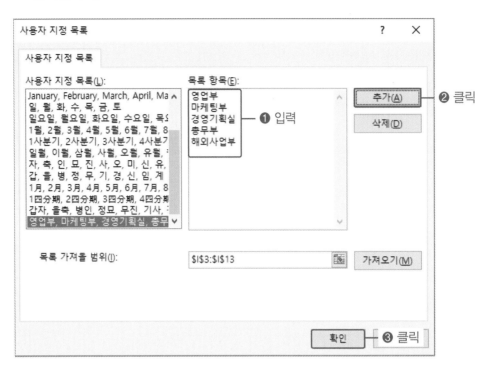

④ [Excel 옵션] 대화상자에서 [확인]을 클릭합니다.

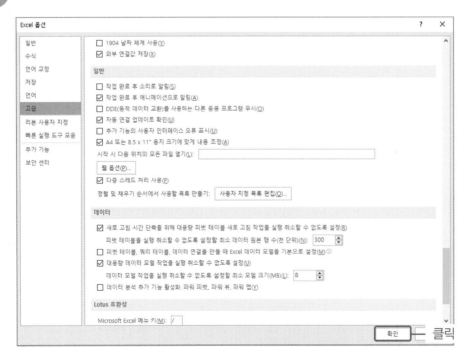

5 [J3] 셀에 새로 등록한 목록 중 하나의 내용을 입력한 다음 채우기 핸들을 드래그하면 목록의 순서대로 자동으로 채워집니다.

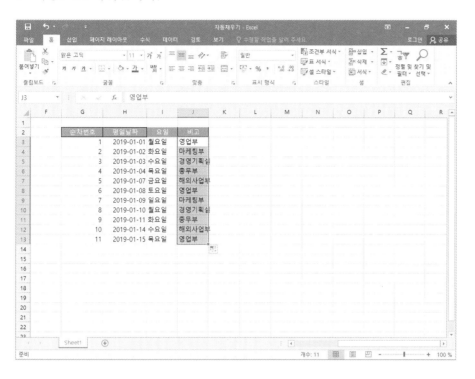

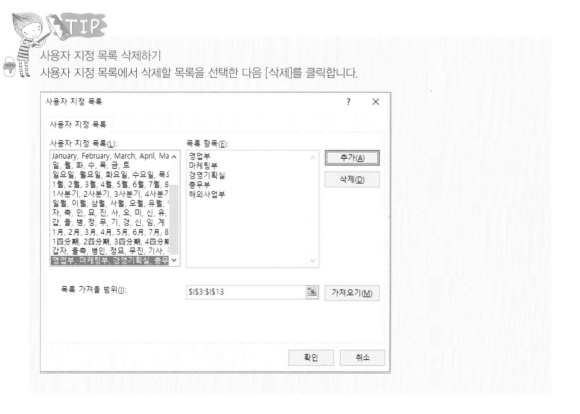

사용자 지정 목록 삭제하기
사용자 지정 목록에서 삭제할 목록을 선택한 다음 [삭제]를 클릭합니다.

01 '자동채우기연습.xlsx' 파일을 불러와 그림과 같이 데이터를 입력해 보세요.

	A	B	C	D	E	F
1						
2		숫자		문자	날짜	요일
3		1	100	엑셀	2019-04-01	월요일
4		2	99	엑셀	2019-04-02	화요일
5		3	98	엑셀	2019-04-03	수요일
6		4	97	엑셀	2019-04-04	목요일
7		5	96	엑셀	2019-04-05	금요일
8		6	95	엑셀	2019-04-06	토요일
9		7	94	엑셀	2019-04-07	일요일
10		8	93	엑셀	2019-04-08	월요일
11		9	92	엑셀	2019-04-09	화요일
12		10	91	엑셀	2019-04-10	수요일

TIP

100부터 1씩 감소되면서 자동채우기로 데이터를 입력할 경우 100과 99를 입력한 후 셀 블록을 설정한 다음 자동채우기 핸들을 드래그합니다.

02 번호와 수강요일, 수강시간을 자동 채우기를 이용하여 입력하고 '교육.xlsx'로 저장해 보세요.

	A	B	C	D	E	F	G
1							
2		대전 문화센터 교육 접수현황					
3							
4		번호	구분	강좌명	강사명	수강요일	수강시간
5		1	요리	건강밥상	김나라	월요일	2시간
6		2	요리	슈가쿠킹	남지원	화요일	3시간
7		3	아동미술	수채화	신영아	수요일	1시간
8		4	아동미술	캐릭터그리기	함민영	목요일	2시간
9		5	음악	낭만우쿨렐레	유금필	금요일	1시간
10		6	음악	통쾌통기타	윤정수	토요일	1시간
11		7	뷰티	셀프네일아트	이지란	화요일	2시간
12		8	뷰티	뷰티박스	박효은	수요일	2시간
13		9	건강	슬림요가	장수호	목요일	1시간
14		10	건강	밴드필라테스	전미진	금요일	1시간

TIP

[A] 열머리글에서 마우스 오른쪽 단추를 클릭하여 [열 너비]를 선택하면 열의 너비 값을 직접 입력하여 열 너비를 조절할 수 있습니다.

번호와 날짜를 자동 채우기를 이용하여 그림과 같이 데이터를 입력하고 '당직현황.xlsx'로 저장해 보세요.

번호	당직자	11월 05일	11월 06일	11월 07일	11월 08일	11월 09일
1	김주형	○			○	
2	최준홍	○				
3	강기영		○			○
4	심송희		○			
5	손혜진			○		
6	남성민					
7	이은화			○		
8	이찬우					
9	이연희					○
10	김명선		○			

11월 2주 당직 현황표

 그림과 같이 데이터를 자동 채우기를 이용하여 입력하고 '제품실적.xlsx' 파일로 저장해 보세요.

2019년 제품별 판매현황

제품명	1사분기	2사분기	3사분기	4사분기
보석콘	660	530	130	152
고래바	265	110	155	134
씽씽바	330	150	180	133
돼지콘	120	80	40	136
누구바	160	100	60	169
메롱바	75	50	25	153
두두콘	780	450	330	161
딸기바	985	500	485	129
꼬북콘	450	400	50	130

04
S·e·c·t·i·o·n

워크시트 관리와 셀 편집하기

필요에 따라 새로운 워크시트를 삽입하거나 삭제할 수 있으며, 입력한 데이터를 복사 또는 이동할 수 있습니다.

01 워크시트 삽입 및 삭제 ★

1 '워크시트와셀편집.xlsx' 파일을 불러옵니다. [Sheet1]의 이름을 바꾸기 위해 [Sheet1] 탭을 더블클릭합니다. 시트 이름이 블록 설정되면 "판매내역"으로 입력한 다음 **Enter** 를 누릅니다.

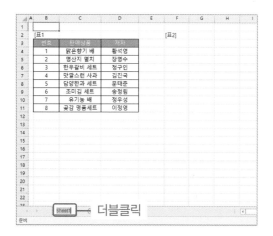

2 새로운 시트를 삽입하기 위해 시트 탭에서 ⊕ (새 시트)를 클릭하여 새로운 시트를 삽입합니다.

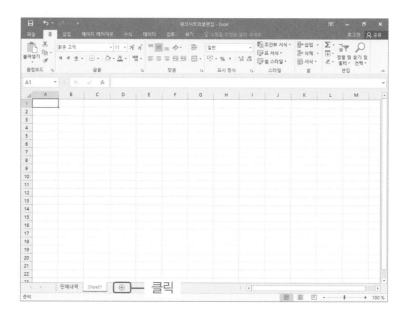

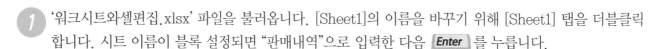

③ [Sheet1]의 위치를 [판매내역] 시트 앞으로 이동시키기 위해 [Sheet1] 탭을 [판매내역] 시트 탭 앞으로 드래그합니다.

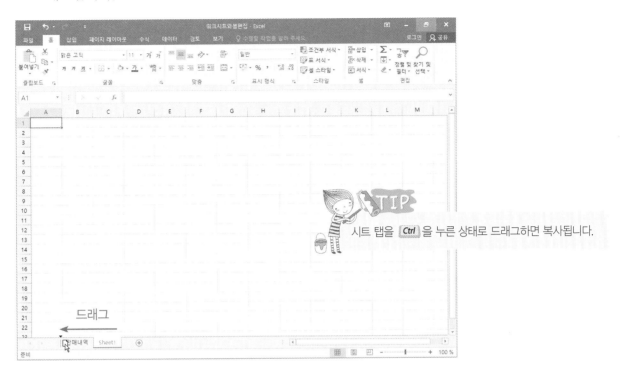

드래그

시트 탭을 Ctrl 을 누른 상태로 드래그하면 복사됩니다.

④ 새로 삽입된 시트를 삭제하기 위해 [Sheet1] 탭에서 마우스 오른쪽 단추를 클릭하여 [삭제]를 클릭합니다.

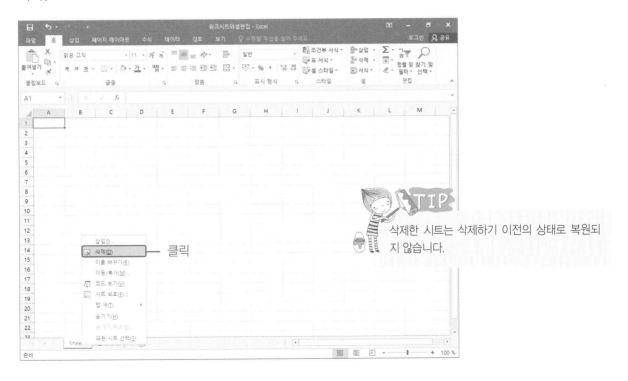

클릭

삭제한 시트는 삭제하기 이전의 상태로 복원되지 않습니다.

02 셀 이동과 복사 ★

1 [B3] 셀부터 [D11] 셀까지 블록을 설정한 다음 [홈] 탭의 [클립보드] 그룹에서 ✂ (잘라내기)를 클릭합니다.

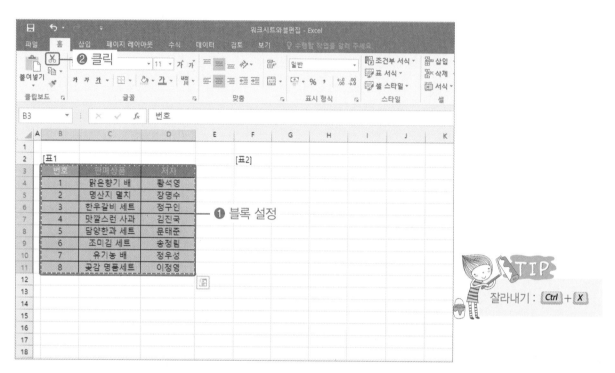

❷ 클릭

❶ 블록 설정

TIP
잘라내기 : Ctrl + X

2 [F3] 셀을 선택한 다음 [홈] 탭의 [클립보드] 그룹에서 📋 (붙여넣기)를 클릭하면 그림과 같이 데이터가 이동됩니다.

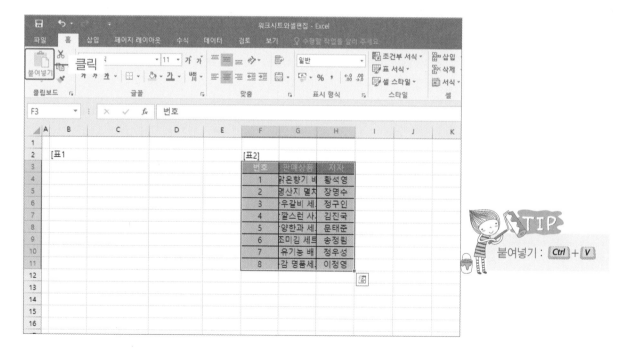

클릭

TIP
붙여넣기 : Ctrl + V

③ 이번에는 데이터를 복사하기 위해 [F3] 셀부터 [H11] 셀까지 블록을 설정한 다음 [홈] 탭의 [클립보드] 그룹에서 🖺 (복사)를 클릭합니다. [B3] 셀을 선택한 다음 [홈] 탭의 [클립보드] 그룹에서 🖺 (붙여넣기)를 클릭하면 그림과 같이 데이터가 복사됩니다.

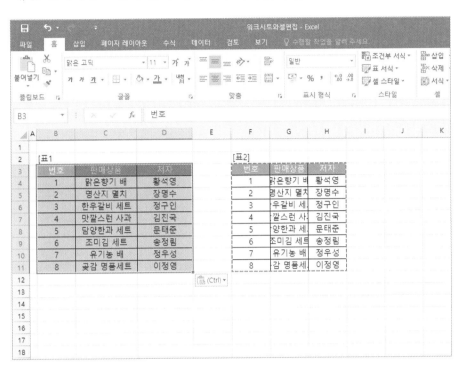

④ Esc 를 눌러 영역을 해제합니다. [G] 열의 너비를 [C] 열의 너비와 같은 크기로 맞추기 위해 [C] 열 머리글을 선택한 다음 [홈] 탭의 [클립보드] 그룹에서 ✒ (서식 복사)를 클릭합니다.

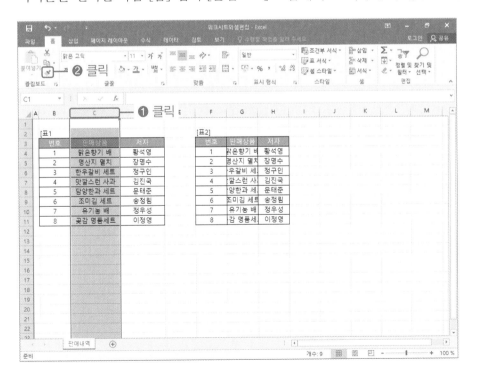

⑤ [G] 열 머리글을 클릭하면 [C] 열의 너비와 같은 크기로 맞춰집니다.

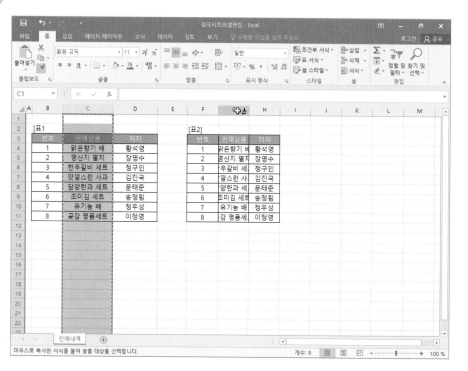

03 셀 삽입과 삭제 ★

① [B7] 셀부터 [D8] 셀까지 블록을 설정한 다음 마우스 오른쪽 단추를 클릭하여 [삽입]을 선택합니다.
[삽입] 대화상자에서 '셀을 아래로 밀기'를 선택한 다음 [확인]을 클릭합니다.

② 그림과 같이 블록으로 설정한 위치에 새로운 셀이 삽입되고, 원본 데이터는 아래로 밀려납니다.

③ 삽입된 셀을 삭제하기 위해 [B7] 셀부터 [D8] 셀까지 블록을 설정한 다음 마우스 오른쪽 단추를 클릭하여 [삭제]를 선택합니다. [삭제] 대화상자에서 '셀을 위로 밀기'를 선택한 후 [확인]을 클릭합니다. 블록 설정된 영역이 삭제되고 아래쪽에 있는 데이터가 삭제된 영역으로 채워집니다.

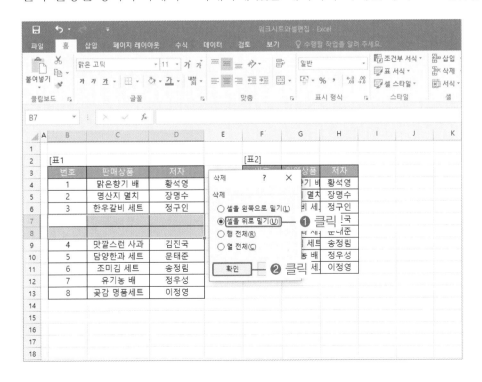

 01 '인적사항.xlsx' 파일을 불러와 [Sheet1]의 이름을 '정형외과'로 변경한 다음 [Sheet2]를 삭제해 보세요.

	성명	주민등록번호	성별	나이
		입원환자 인적사항		
[표1]	성명	주민등록번호	성별	나이
	김건후	900308-189****	남자	28
	최민석	891218-269****	여자	29
	배슬기	020724-422****	여자	16
	이승완	910807-299****	여자	27
	윤상근	030922-313****	남자	15
	금잔디	900421-123****	남자	28
	양영숭	010111-299****	여자	8
	이천만	020103-318****	남자	16
	엄온아	830823-104****	남자	35
	남회울	810325-235****	여자	37
	김용신	861018-123****	남자	32
	오진수	000105-358****	남자	18
	전한수	820202-215****	여자	36

정형외과

준비   100%

02 [표1]에서 성별이 남자인 데이터만 그림과 같이 복사해 보세요.

[표1]		입원환자 인적사항				[표2]				
	성명	주민등록번호	성별	나이			성명	주민등록번호	성별	나이
	김건후	900308-189****	남자	28			김건후	900308-189****	남자	28
	최민석	891218-269****	여자	29			윤상근	030922-313****	남자	15
	배슬기	020724-422****	여자	16			금잔디	900421-123****	남자	28
	이승완	910807-299****	여자	27			이천만	020103-318****	남자	16
	윤상근	030922-313****	남자	15			엄온아	830823-104****	남자	35
	금잔디	900421-123****	남자	28			김용신	861018-123****	남자	32
	양영숭	010111-299****	여자	8			오진수	000105-358****	남자	18
	이천만	020103-318****	남자	16						
	엄온아	830823-104****	남자	35						
	남회울	810325-235****	여자	37						
	김용신	861018-123****	남자	32						
	오진수	000105-358****	남자	18						
	전한수	820202-215****	여자	36						

TIP

Ctrl 을 누른 상태로 성별인 남자인 데이터를 블록 설정한 다음 복사한 후 붙여넣기합니다.

'성적결과.xlsx' 파일을 불러와 8행과 9행 사이에 행을 2개 추가하여 데이터를 그림과 같이 입력해 보세요.

1학기 컴퓨터계열 성적결과

학번	이름	엑셀	파워포인트	문서작성	인문학
25800101	조진희	95	99	98	99
25800102	문현창	92	96	99	98
25800103	이은우	87	89	94	99
25800104	김우주	87	98	97	94
25800105	유영아	80	60	90	40
25800106	안경원	75	68	85	65
25800107	나영민	83	98	99	92
25800108	박수현	58	81	88	75
25800109	이채원	66	78	95	94
25800110	오지은	74	96	95	89

 [G] 열에 셀을 삽입하여 데이터를 입력한 후 서식 복사를 이용하여 그림과 같이 완성해 보세요.

1학기 컴퓨터계열 성적결과

학번	이름	엑셀	파워포인트	문서작성	컴퓨터보안	인문학
25800101	조진희	95	99	98	99	99
25800102	문현창	92	96	99	93	98
25800103	이은우	87	89	94	95	99
25800104	김우주	87	98	97	91	94
25800105	유영아	80	60	90	83	40
25800106	안경원	75	68	85	94	65
25800107	나영민	83	98	99	80	92
25800108	박수현	58	81	88	83	75
25800109	이채원	66	78	95	60	94
25800110	오지은	74	96	95	80	89

05
S·e·c·t·i·o·n

셀 서식 설정하기

[홈] 탭의 [글꼴] 그룹에서 글꼴, 글꼴 색, 채우기 색 등을 설정하여 가독성 있는 문서로 편집할 수 있을 뿐만 아니라 [맞춤] 그룹에서 데이터를 정렬하거나 여러 셀을 하나로 합쳐 가운데로 정렬할 수 있습니다.

01 글꼴과 맞춤 서식 설정하기 ★

1 '신입사원채용현황.xlsx' 파일을 불러옵니다. [B2] 셀부터 [G2] 셀까지 블록을 설정한 다음 [홈] 탭의 [글꼴] 그룹에서 글꼴(굴림)과 크기(15pt)를 지정하고 🔲▾(병합하고 가운데 맞춤)을 클릭합니다.

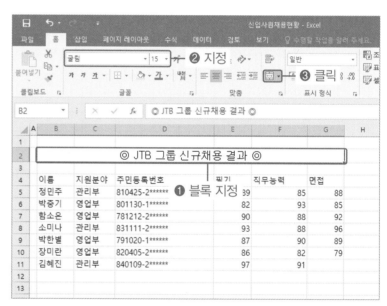

2 Ctrl 을 누른 상태로 문자가 입력되어 있는 셀을 블록 설정한 다음 [홈] 탭의 [맞춤] 그룹에서 ≡ (가운데 맞춤)을 클릭합니다.

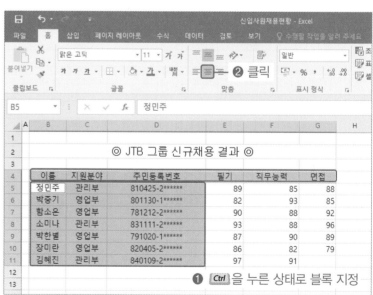

③ [B4] 셀부터 [G4] 셀까지 블록을 설정한 다음 [홈] 탭의 [글꼴] 그룹에서 ⬧·(채우기 색)을 클릭하여 셀 배경색을 설정합니다.

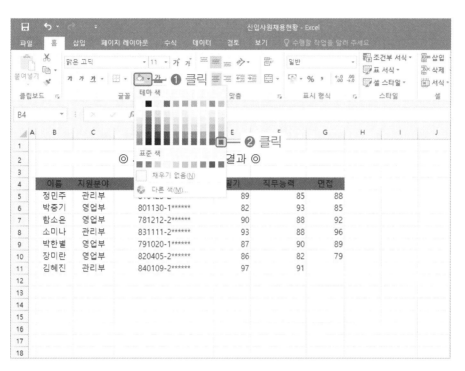

④ 글꼴 색을 설정하기 위해 [홈] 탭의 [글꼴] 그룹에서 가·(글꼴 색)을 클릭하여 원하는 색을 선택합니다.

02 셀 테두리 설정하기 ★

1 [B4] 셀부터 [G11] 셀까지 블록을 설정한 다음 [홈] 탭의 [글꼴] 그룹에서 ⊞▾(테두리) – [모든 테두리]를 클릭합니다.

2 외곽 테두리를 굵게 하기 위해 [홈] 탭의 [글꼴] 그룹에서 ⊞▾(테두리) – [굵은 바깥쪽 테두리]를 클릭합니다.

③ [G11] 셀에 대각선을 표시하기 위해 [G11] 셀에서 마우스 오른쪽 단추를 클릭하여 [셀 서식]을 선택합니다.

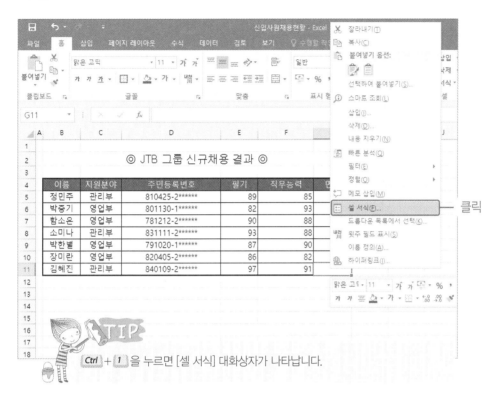

TIP Ctrl + 1 을 누르면 [셀 서식] 대화상자가 나타납니다.

④ [셀 서식] 대화상자의 [테두리] 탭에서 그림과 같이 대각선을 선택한 다음 [확인]을 클릭합니다.

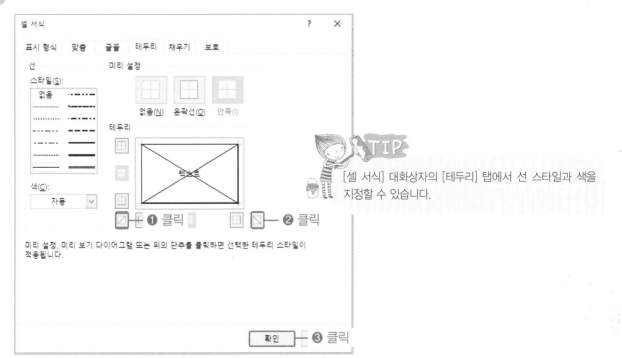

TIP [셀 서식] 대화상자의 [테두리] 탭에서 선 스타일과 색을 지정할 수 있습니다.

셀프 테스트

01 'KBO순위.xlsx' 파일을 불러와 [2018년] 시트에 셀 서식을 그림과 같이 설정해 보세요.

	A	B	C	D	E	F	G	H
1								
2		2018년 구단 성적						
3								
4		팀명	승	패	무	타율	평균자책점	승률
5		두산 베어스	93	51	0	0.309	4.98	0.646
6		SK 와이번스	78	65	1	0.281	4.67	0.545
7		한화 이글스	77	67	0	0.275	4.93	0.535
8		넥센 히어로즈	75	69	0	0.288	5.08	0.521
9		KIA 타이거즈	70	74	0	0.295	5.4	0.486
10		삼성 라이온즈	68	72	4	0.288	5.19	0.486
11		롯데 자이언츠	68	74	2	0.289	5.37	0.479
12		LG 트윈스	68	75	1	0.293	5.29	0.476
13		KT 위즈	59	82	3	0.275	5.34	0.418
14		NC 다이노스	58	85	1	0.261	5.48	0.406

02 'KBO순위.xlsx' 파일의 [선수] 시트에 셀 서식을 그림과 같이 설정해 보세요.

	A	B	C	D	E	F
1						
2			순위	선수	팀명	성적
3		타율 TOP5	1	김현수	LG	0.362
4			2	양의지	두산	0.358
5			3	이정후	넥센	0.355
6			4	박병호	넥센	0.345
7			5	안치홍	KIA	0.342
8		홈런 TOP5	1	김재환	두산	44
9			2	로맥	SK	43
10			3	박병호	넥센	43
11			4	로하스	KT	43
12			5	한동민	SK	41

'제품비교.xlsx' 파일을 불러와 채우기 색과 테두리를 설정해 보세요.

인기 복합기 제품 구성 비교

관리코드	제품명	판매금액	컬러 인쇄속도	흑백 인쇄속도	네트워크	기능
LP-1507-3	삼정 레이저 C473FW	375,000	10	18	○	스캔/복사/팩스
IK-1409-1	어드밴티지 3545	149,000	14	17	✕	스캔/복사
LP-1501-2	삼정 레이저 M2074F	150,000	16	18	○	스캔/복사/팩스
IK-1409-1	복합기 1510	400,000	16	20	✕	스캔/복사
LP-1411-3	다큐프린터 CM215FW	288,000	12	15	○	스캔/복사/팩스
LP-1411-3	다큐프린터 CM215B	179,000	12	15	✕	스캔/복사
IK-1505-1	어드밴티지 4645	175,000	6	9	○	스캔/복사/팩스
LP-1407-3	캐넌 MF8284CW	344,000	14	14	○	스캔/복사/팩스

 '입주현황.xlsx' 파일을 불러와 채우기 색과 테두리를 설정해 보세요.

현대 오피스텔 입주현황

호수	이름	계약일자	계약기간	보증금	임대료
101호	김현수	2019-05-10	2년	22,000,000	990,000
102호	양의지	2019-07-15	2년	24,000,000	450,000
103호	이정후	2018-10-09	3년	24,000,000	680,000
104호	박병호	2018-12-07	1년	7,000,000	630,000
201호	안치홍	2018-03-20	5년	21,000,000	680,000
202호	강미선	2018-09-15	3년	6,000,000	660,000
203호	김재환	2019-06-20	2년	12,000,000	400,000
204호	박병호	2019-02-08	3년	13,000,000	640,000

Excel 2016

06
S·e·c·t·i·o·n

표시 형식 설정하기

입력한 데이터에 쉼표, 화폐 단위, 날짜 형식 등으로 표시할 수 있으며, 사용자 지정
표시 형식에서 문자에도 표시 형식을 설정할 수 있습니다.

01 데이터 표시 형식 설정하기 ★

1 '수당 현황.xlsx' 파일을 불러옵니다. [G5] 셀부터 [G12] 셀까지 블록을 설정한 다음 [홈] 탭의 [표시 형식] 그룹에서 , (쉼표 스타일)을 클릭하여 입력한 숫자 데이터에 천 단위마다 쉼표를 표시합니다.

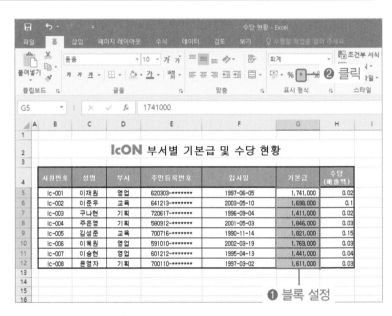

2 [H5] 셀부터 [H12] 셀까지 블록을 설정한 다음 [홈] 탭의 [표시 형식] 그룹에서 % (백분율 스타일)을 클릭하여 입력한 숫자 데이터에 백분율을 표시합니다.

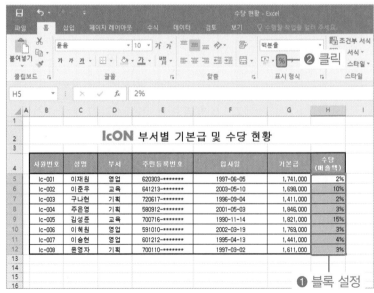

1 날짜 형식을 설정하기 위해 [F5] 셀부터 [F12] 셀까지 블록을 설정한 다음 마우스 오른쪽 단추를 클릭하여 [셀 서식]을 선택합니다.

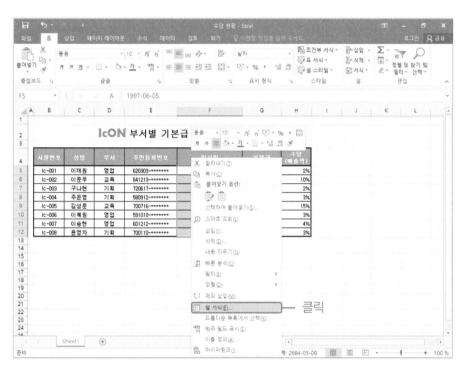

2 [셀 서식] 대화상자의 [표시 형식] 탭에서 '사용자 지정' 범주를 선택한 다음 형식란에 "yyyy년 mm월 dd일(aaa)"을 입력하고 [확인]을 클릭합니다.

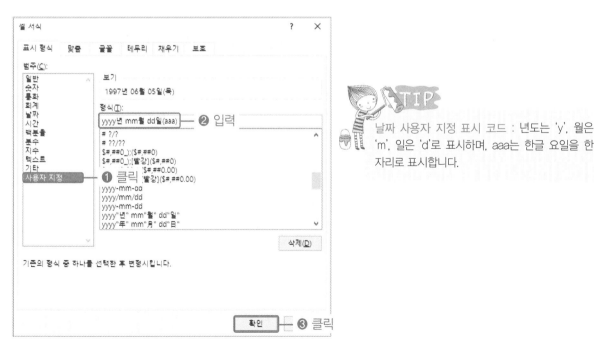

TIP

날짜 사용자 지정 표시 코드 : 년도는 'y', 월은 'm', 일은 'd'로 표시하며, aaa는 한글 요일을 한 자리로 표시합니다.

③ 그림과 같이 날짜와 요일이 표시된 것을 확인할 수 있습니다.

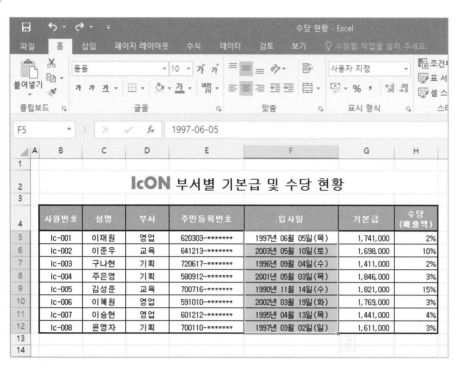

④ [D5] 셀부터 [D12] 셀까지 블록을 설정한 다음 마우스 오른쪽 단추를 클릭하여 [셀 서식]을 선택합니다.

⑤ [셀 서식] 대화상자의 [표시 형식] 탭에서 '사용자 지정' 범주를 선택한 다음 형식란에 "@부"를 입력하고 [확인]을 클릭합니다.

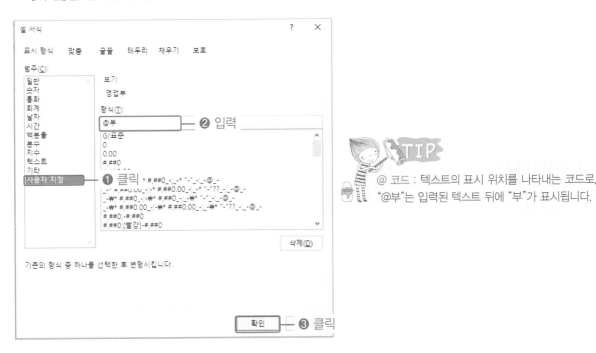

TIP
@ 코드 : 텍스트의 표시 위치를 나타내는 코드로, "@부"는 입력된 텍스트 뒤에 "부"가 표시됩니다.

⑥ 그림과 같이 문자 뒤에 "부"가 표시된 것을 확인할 수 있습니다.

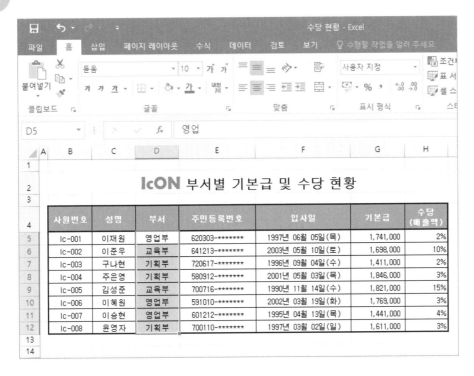

셀프 테스트

01 '애견용품현황.xlsx' 파일의 [판매현황] 시트에서 그림과 같이 셀 서식을 지정하고 구분, 가격, 판매량, 용량의 표시 형식을 지정해 보세요.

	A	B	C	D	E	F	G
1							
2			애견사료 판매현황				
3							
4		모델명	생산일	구분	가격	판매수량	용량
5		Me696Y	2019-04-08	퍼피용	18,000	2,110	1.5kg
6		Se756W	2019-04-11	대형견용	25,000	3,123	1.5kg
7		Ee759Y	2019-04-13	소형견용	16,000	2,780	1.5kg
8		Dv776Y	2019-03-19	퍼피용	38,000	3,154	3.0kg
9		Aa749W	2019-04-15	퍼피용	78,000	2,107	10.0kg
10		Fe776Y	2019-04-14	대형견용	58,600	2,336	3.0kg
11		Mz686W	2019-11-10	소형견용	45,000	2,147	3.0kg
12		Dz776W	2019-04-12	퍼피용	60,000	2,884	5.0kg

TIP 문자 데이터에 표시 형식 설정하려면 [셀 서식] 대화상자의 [표시 형식] 탭에서 범주를 '사용자 지정'으로 선택한 다음 "@용"을 입력합니다.

02 '애견용품현황.xlsx' 파일의 [회원현황] 시트에서 그림과 같이 셀 서식을 지정하고 생년월일, 구매금액, 적립금의 표시 형식을 지정해 보세요.

	A	B	C	D	E	F
1						
2			회원 구매 현황			
3						
4		회원ID	성명	생년월일	구매금액	적립금
5		kim102	김영호	1980년 05월 03일	196,000원	20,000원
6		kim1030	김정은	1992년 05월 30일	29,000원	10,000원
7		jung111	정연아	2007년 07월 21일	27,200원	8,000원
8		you126	유희정	1998년 01월 12일	30,000원	5,000원
9		han209	한정안	2000년 05월 01일	43,000원	10,000원
10		jung83	정시후	2001년 08월 03일	52,200원	6,000원
11		nam369	남지회	1970년 04월 25일	102,000원	5,000원
12		han234	한현택	1979년 04월 08일	30,000원	3,000원

TIP 숫자 데이터에 표시 형식을 설정하려면 [셀 서식] 대화상자의 [표시 형식] 탭에서 범주를 '사용자 지정'으로 선택한 다음 "#,##0원"을 입력합니다.

'부동산.xlsx' 파일의 [2월] 시트에서 평형과 층의 표시 형식을 지정해 보세요.

2월 부동산 추천 급매물

번호	형태	물건명	평형	층	가격 (단위:백만원)	특징
1	임대	e편한2차	33평	2층	275	남향
2	매매	e편한4차	33평	11층	700	3월 입주가능
3	임대	상가	55평	3층	780	권리금 무
4	매매	개나리4차	57평	8층	1,200	재건축
5	임대	푸르지오	24평	18층	190	3월 입주가능
6	매매	동성	24평	9층	205	역 3분거리
7	임대	상가	30평	2층	550	권리금 무
8	매매	타워팰리스	35평	30층	1,000	남향

 2월 시트를 복사하여 시트명을 3월로 변경한 다음 거래일을 추가하고, 셀 서식을 수정한 후 거래일의 표시 형식을 변경해 보세요.

3월 부동산 추천 급매물

번호	형태	물건명	평형	층	가격	특징	거래일
001	임대	e편한2차	33평	2층	275백만원	남향	
002	매매	e편한4차	33평	11층	700백만원	3월 입주가능	
003	임대	상가	55평	3층	780백만원	권리금 무	
004	매매	개나리4차	57평	8층		재건축	03월 05일(화)
005	임대	푸르지오	24평	18층		3월 입주가능	03월 10일(일)
006	매매	동성	24평	9층	205백만원	역 3분거리	
007	임대	상가	30평	2층	550백만원	권리금 무	
008	매매	타워팰리스	35평	30층	1,000	남향	급매물

TIP 날짜 표시 형식은 [셀 서식] 대화상자의 [표시 형식] 탭에서 범주를 '사용자 지정'으로 선택한 다음 "mm"월" dd"일"(aaa)"을 입력하면 월과 일, 요일이 표시됩니다.

조건부 서식 설정하기

S·e·c·t·i·o·n

조건부 서식을 사용하면 데이터를 시각적으로 데이터를 분석할 수 있습니다. 특정 조건에 해당하는 셀에 데이터 막대, 색조, 아이콘 집합 등으로 시각화할 수 있습니다.

01 셀 강조 규칙으로 조건부 서식 설정하기 ★

1 '문화센터강좌.xlsx' 파일을 불러온 다음 [C5] 셀부터 [C12] 셀까지 블록을 설정한 다음 [홈] 탭의 [스타일] 그룹에서 📰(조건부 서식)을 클릭하여 [셀 강조 규칙]-[같음]을 선택합니다.

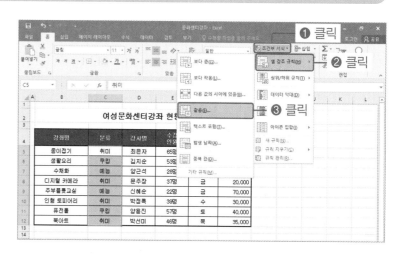

2 [같음] 대화상자에서 "취미"를 입력하고 적용할 서식에 '연한 빨강 채우기'를 선택한 다음 [확인]을 클릭합니다.

3 그림과 같이 취미가 입력한 셀의 채우기 색이 연한 빨강으로 설정된 것을 확인할 수 있습니다.

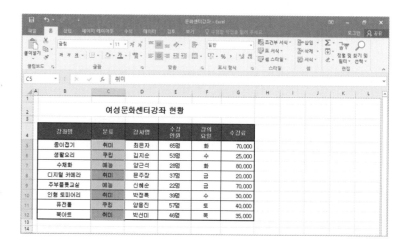

1 [G5] 셀부터 [G12] 셀까지 블록을 설정한 다음 [홈] 탭의 [스타일] 그룹에서 ![icon](조건부 서식)을 클릭하여 [데이터 막대]의 [그라데이션 채우기]–[빨강 데이터 막대]를 클릭합니다.

2 [E5] 셀부터 [E12] 셀까지 블록을 설정한 다음 [홈] 탭의 [스타일] 그룹에서 ![icon](조건부 서식)을 클릭하여 [아이콘 집합]의 [방향]–[삼각형 3개]를 클릭합니다.

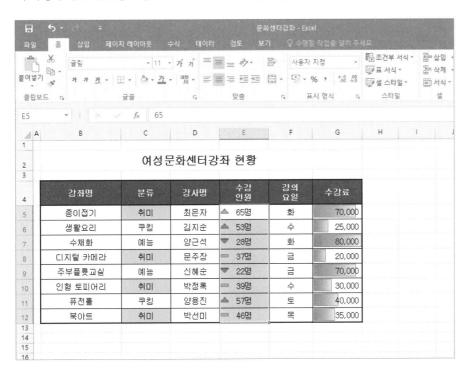

셀프 테스트

01 '아르바이트현황.xlsx' 파일을 불러와 [아르바이트] 시트에서 월요일부터 금요일까지 "X"가 입력되어 있는 셀에 그림과 같이 표시 형식을 설정해 보세요.

	이름	시급	근무시간	월	화	수	목	금	지급액
	아르바이트 주간 근무현황								
	이름	시급	근무시간	월	화	수	목	금	지급액
5	박지훈	7,000	8시간	O	O	X	O	O	224,000
6	김영진	8,500	4시간	O	O	O	O	X	136,000
7	김미영	7,000	8시간	X	O	O	O	O	224,000
8	이미정	9,000	8시간	O	O	O	O	X	288,000
9	김기훈	5,000	8시간	O	X	O	O	O	160,000
10	박소현	10,500	8시간	O	O	O	O	O	420,000
11	차호철	7,000	5시간	X	O	O	O	X	105,000
12	김기정	8,500	8시간	O	O	O	O	O	340,000
13	김세환	9,000	5시간	O	O	X	O	O	180,000
14	백승훈	5,000	8시간	O	O	O	O	O	200,000

TIP [조건부 서식]-[셀 강조 규칙]-[같음]에서 적용할 서식을 [사용자 지정 서식]을 이용하여 설정합니다.

02 '아르바이트현황.xlsx' 파일의 [업무능력] 시트에서 평점이 80보다 크면 글꼴색을 '파랑'으로, 50보다 작으면 '빨강'으로 표시하고, 평가에 '평점4' 조건부 서식을 설정해 보세요.

	이름	리더십	사회성	협조성	시간관리	평점	평가
	직원 업무능력 평가표						
	이름	리더십	사회성	협조성	시간관리	평점	평가
5	박지훈	3	5	4	5	88	88
6	김영진	4	4	5	3	78	78
7	김미영	2	3	3	3	56	56
8	이미정	3	3	4	3	64	64
9	김기훈	5	5	5	4	94	94
10	박소현	5	3	4	4	78	78
11	차호철	4	4	5	3	78	78
12	김기정	3	2	3	5	66	66
13	김세환	5	3	4	4	78	78
14	백승훈	2	3	3	1	44	44

'마트판매현황.xlsx' 파일을 불러와 [홍천지점] 시트에서 금액에 파랑 데이터 막대 조건부 서식을 설정해 보세요.

홍천지점 일일 판매 현황

기준일: 10월 02일

상품코드	생산지	상품명	판매형태	가격 (단위:원)	일일 판매량	금액	판매량 순위
AA092	국내산	청송사과	15입/팩	35,000	120box	4,200,000	1
AB213	멕시코	나주배	3입/팩	9,900	110box	1,089,000	6
QC861	뉴질랜드	고등어	4마리/팩	10,000	450box	4,500,000	2
WA992	태국	키위	8입/팩	8,900	95box	845,500	5
AB844	국내산	배추	3개/묶음	12,000	540box	6,480,000	3
WA114	필리핀	망고	3입/팩	5,000	80box	400,000	7
WA803	필리핀	적포도	1.5kg/박스	11,000	65box	715,000	7
QC746	태국	새우	400g/팩	6,700	105box	703,500	4

 '마트판매현황.xlsx' 파일의 [광양지점] 시트에서 비고에 "품절"이 입력된 셀에 임의의 색으로 조건부 서식을 설정해 보세요.

광양지점 일일 판매 현황

기준일: 10월 02일

상품코드	생산지	상품명	판매형태	가격 (단위:원)	일일 판매량	판매량 순위	비고
AA091	국내산	청포도	8입/팩	15,300	593box	6	
AB214	멕시코	아보카도	3입/팩	2,830	445box	4	품절
QC861	뉴질랜드	고등어	4마리/팩	8,800	608box	5	
WA992	태국	키위	8입/팩	14,400	612box	2	
AB843	국내산	오이	5개/묶음	4,500	739box	3	품절
WA114	필리핀	망고	3입/팩	11,080	304box	1	
WA803	필리핀	적포도	1.5kg/박스	24,900	183box	8	
QC746	태국	새우	400g/팩	8,950	398box	7	품절

Excel 2016

08
S·e·c·t·i·o·n

워크시트 인쇄하기

작성한 워크시트를 인쇄하기 전 미리보기 화면으로 인쇄되는 모양을 확인할 수 있으며 인쇄 용지, 용지 방향 및 여백을 설정하여 보기 좋게 용지에 인쇄할 수 있습니다.

01 페이지 설정하기

1 '재직증명서.xlsx' 파일을 불러온 다음 [파일] 탭을 클릭합니다. 그림과 같이 파일 메뉴가 표시되면 [인쇄]를 클릭합니다.

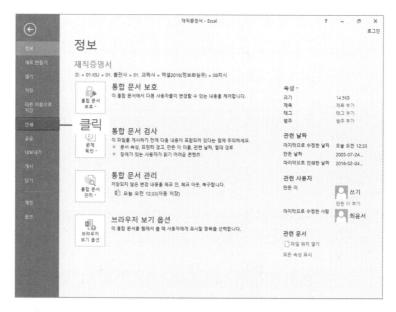

> **TIP**
>
> [페이지 레이아웃] 탭의 ⬛(대화상자 표시) 아이콘을 클릭하여 페이지를 설정할 수 있습니다.

2 [인쇄] 화면에서 작성한 문서의 인쇄되는 모양을 미리 확인할 수 있습니다. 페이지의 여백을 설정하기 위해 [페이지 설정]을 클릭합니다.

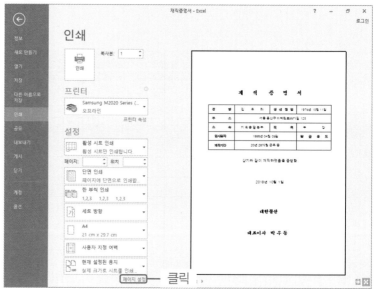

③ [페이지 설정] 대화상자의 [여백] 탭에서 위쪽, 아래쪽, 왼쪽, 오른쪽의 여백을 각각 "1.5"로 지정한 다음 [확인]을 클릭합니다.

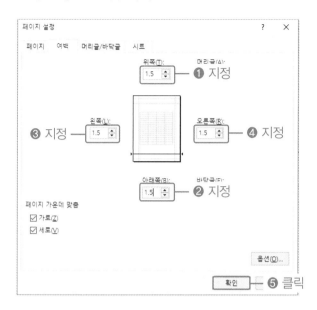

④ 인쇄할 매수를 복사본 입력란에 "2"로 지정하고 🖶 (인쇄)를 클릭합니다.

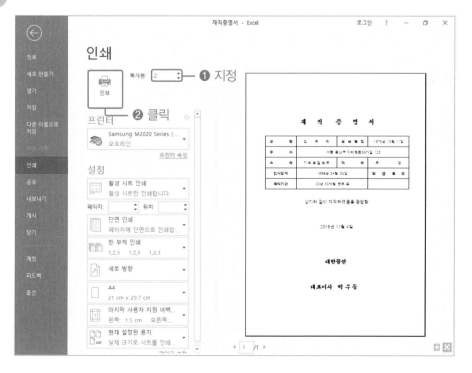

셀프 테스트

01 '출근표.xlsx' 파일을 불러와 가로 방향의 1페이지에 인쇄되도록 설정해 보세요.

1월																출근현황																	2019
	화	수	목	금	토	일	월	화	수	목	금	토	일	월	화	수	목	금	토	일	월	화	수	목	금	토	일	월	화	수	목		
사원명	1	2	3	4	5	6	7	8	9	10	11	12	13	14	15	16	17	18	19	20	21	22	23	24	25	26	27	28	29	30	31		총일수
홍세미																																	
이성민																																	
박유정																																	
김종원																																	
박은영																																	
천호동																																	
최광철																																	
요약																																	

02 '상반기거래내역.xlsx' 파일을 불러와 1행부터 7행까지 반복 인쇄되도록 설정해 보세요.

> **TIP**
> [페이지 레이아웃] 탭의 [페이지 설정] 그룹에서 [인쇄 제목]을 클릭하여 반복할 행($1:$9)을 설정합니다.

03 그림과 같이 페이지 번호가 인쇄되도록 바닥글을 설정해 보세요.

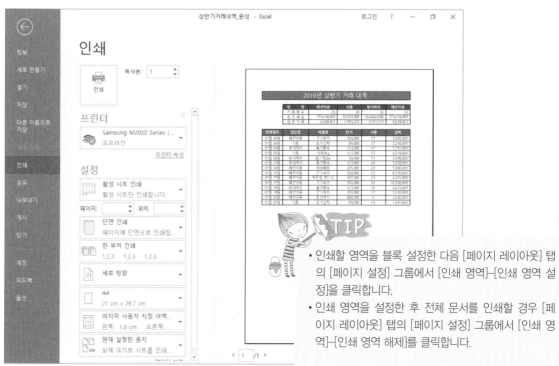

[인쇄 미리보기] 화면에서 [페이지 설정]을 클릭하여 [페이지 설정] 대화상자의 [머리글/바닥글] 탭에서 바닥글 형식을 선택합니다.

04 전체 데이터에서 원하는 부분만 인쇄할 수 있도록 인쇄 영역을 설정해 보세요.

• 인쇄할 영역을 블록 설정한 다음 [페이지 레이아웃] 탭의 [페이지 설정] 그룹에서 [인쇄 영역]–[인쇄 영역 설정]을 클릭합니다.
• 인쇄 영역을 설정한 후 전체 문서를 인쇄할 경우 [페이지 레이아웃] 탭의 [페이지 설정] 그룹에서 [인쇄 영역]–[인쇄 영역 해제]를 클릭합니다.

수식 입력하기

S·e·c·t·i·o·n

입력된 숫자 데이터로 직접 수식을 입력하여 결과를 얻을 수 있습니다. 수식은 등호
(=)로 시작하여 상수, 연산자, 셀 참조 등으로 이루어지며, 셀에는 수식의 결과 값이
표시됩니다.

01 수식 입력하기 ★

1 '판매현황.xlsx' 파일을 불러옵니다. 수량과 단가를 이용하여 금액을 구하기 위해 [G7] 셀에 "="를 입력한 다음 수량이 입력된 [E7] 셀을 클릭하고 "*"를 입력한 다음 단가가 입력된 [F7] 셀을 클릭한 후 Enter 를 누릅니다.

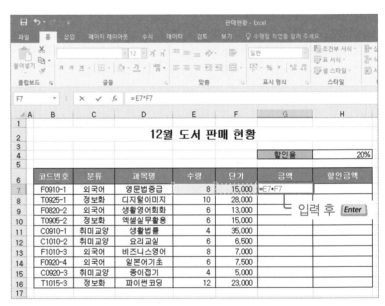

2 그림과 같이 결과가 표시됩니다.

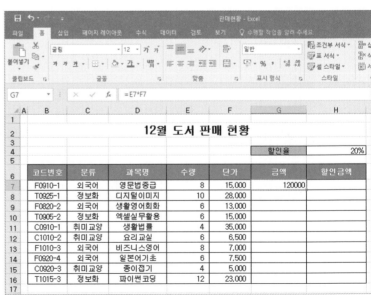

③ [G7] 셀의 채우기 핸들을 [G16] 셀까지 드래그하여 수식을 복사합니다.

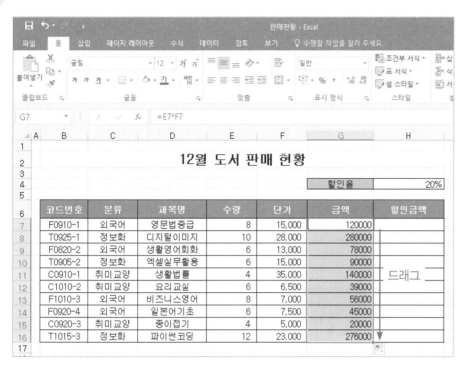

④ **Ctrl** + **~** 를 누르면 입력된 수식을 확인할 수 있습니다. 수식을 복사하면 셀 주소의 행 번호가 1씩 증가되어 각 행의 수량과 단가를 참조한 것을 확인할 수 있습니다. 결과를 표시하기 위해 **Ctrl** + **~** 를 누릅니다.

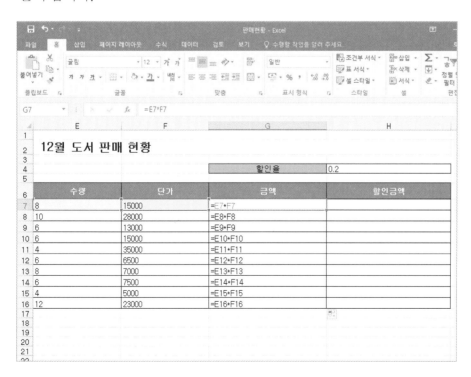

1 금액에 할인율(H4)을 적용하기 위해 [H7] 셀에 "=G7-(G7*H4)"를 입력하고 Enter 를 누릅니다.
이때 할인율은 모든 수식이 고정되게 참조되어야 되므로 절대 주소로 입력해야 됩니다.

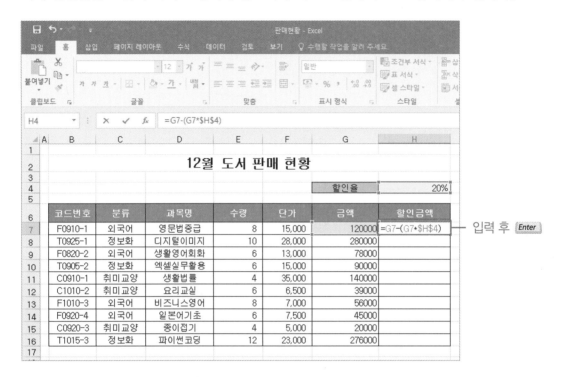

2 [H7] 셀의 채우기 핸들을 [H16] 셀까지 드래그하여 수식을 복사합니다.

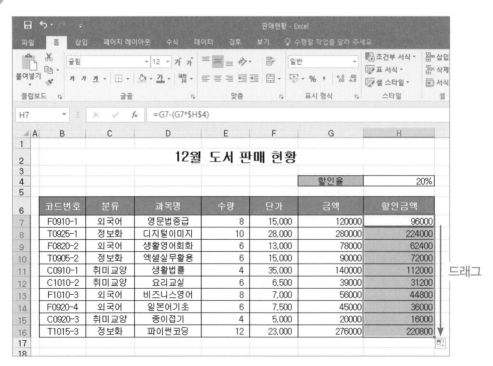

③ **Ctrl** + **~** 를 누르면 입력된 수식을 확인할 수 있습니다. 수식을 복사하면 금액이 입력된 셀은 변하지만 할인율(H4) 셀 주소는 변하지 않는 것을 확인할 수 있습니다. 결과를 표시하기 위해 **Ctrl** + **~** 를 누릅니다.

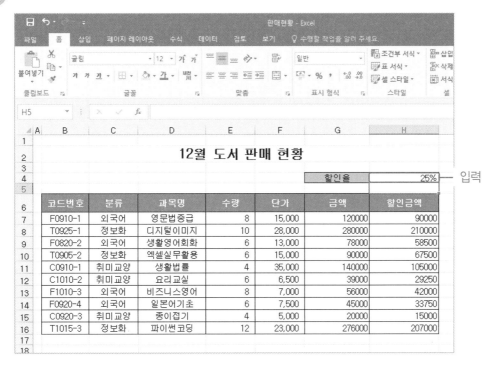

④ [H4] 셀의 할인율을 "25%" 변경하면 할인금액의 결과 값이 자동으로 변경되는 것을 알 수 있습니다.

코드번호	분류	과목명	수량	단가	금액	할인금액
F0910-1	외국어	영문법중급	8	15,000	120000	90000
T0925-1	정보화	디지털이미지	10	28,000	280000	210000
F0820-2	외국어	생활영어회화	6	13,000	78000	58500
T0905-2	정보화	엑셀실무활용	6	15,000	90000	67500
C0910-1	취미교양	생활법률	4	35,000	140000	105000
C1010-2	취미교양	요리교실	6	6,500	39000	29250
F1010-3	외국어	비즈니스영어	8	7,000	56000	42000
F0920-4	외국어	일본어기초	6	7,500	45000	33750
C0920-3	취미교양	종이접기	4	5,000	20000	15000
T1015-3	정보화	파이썬코딩	12	23,000	276000	207000

셀프 테스트

01 '야채가격.xlsx' 파일을 불러와 가격과 주문수량을 이용하여 금액을 계산해 보세요.

	A	B	C	D	E	F	G
1							
2				야채 경매 가격표			
3							
4		품목	산지	출하일	가격	주문수량	금액
5		무우	충청북도 충주	2019-03-11	50,000	200Box	10,000,000
6		양파	전라남도무안	2019-03-11	60,000	150Box	9,000,000
7		대파	경기도 고양시	2019-03-12	60,000	250Box	15,000,000
8		마늘	경상북도 의성	2019-03-14	45,000	300Box	13,500,000
9		배추	경상북도 청도	2019-03-15	30,000	450Box	13,500,000
10		양배추	제주도 서귀포	2019-03-15	30,000	80Box	2,400,000
11		쪽파	전라남도 보성	2019-03-16	35,000	125Box	4,375,000
12		오이	경상남도 사천	2019-03-16	25,000	302Box	
13		청양고추	충청남도 논산	2019-03-17	20,000	140Box	

TIP 금액은 "가격×주문수량"으로 계산합니다.

02 '지원현황.xlsx' 파일을 불러와 각 개인별 총점과 평균을 계산해 보세요.

	A	B	C	D	E	F	G	H
1								
2				신입사원 지원 현황				
3								
4		지원부서	성명	필기점수	면접점수	자격증	총점	평균
5		기획부	이유진	88	90	90	268	89.33
6		마케팅부	강현지	92	91	94	277	92.33
7		디자인부	김지혜	75	76	80	231	77.00
8		영업부	김치국	61	68	65	194	64.67
9		총무부	안명홍	85	89	70	244	81.33
10		마케팅부	최고집	99	97	98	294	98.00
11		디자인부	신호등	85	81	84	250	83.33
12		기획부	한영수	75	80	77	232	77.33
13		총무부	장서연	64	60	66	190	63.33

TIP 총점은 "필기점수+면접점수+자격증"으로 계산하고, 평균은 "총점/3"으로 계산합니다. ▦(자동 채우기 옵션)-[서식 없이 채우기]를 클릭하면 서식은 복사되지 않고 수식만 복사됩니다.

03 '주문지원현황.xlsx' 파일을 불러와 할인금액과 판매액을 구해 보세요.

제품별 11월 주문 현황

예상할인율	10%				
제품명	주문량	단가	금액	할인금액	판매액
세탁기	5	650,000	3,250,000	325,000	2,925,000
냉장고	3	1,250,000	3,750,000	375,000	3,375,000
TV	12	850,000	10,200,000	1,020,000	9,180,000
에어컨	-	2,400,000	-	-	-
컴퓨터	20	1,200,000	24,000,000	2,400,000	21,600,000
진공청소기	18	125,000	2,250,000	225,000	2,025,000
전자레인지	5	78,000	390,000	39,000	351,000
선풍기	-	25,000	-	-	-
인덕션	28	650,000	18,200,000	1,820,000	16,380,000

TIP

할인금액은 "금액×예상할인율"로 계산합니다. 이때 예상할인율(C4)은 절대 참조로 지정해야 됩니다. 판매액은 "금액-할인금액"으로 계산합니다.

 04 '경진대회.xlsx' 파일을 불러와 과목별 가중치를 사용하여 각 과목에 가중치를 곱한 합계로 총점을 구해 보세요.

지식인 정보화 대회 평가표

수험번호	성명	보고서작성	파워포인트	엑셀	총점
2101	서혜란	95	65	93	56.9
2102	최성희	88	58	57	43.3
2103	방제훈	70	51	61	40.6
2104	신인철	80	92	78	59.0
2105	오정현	94	24	82	41.2
2106	홍우석	86	72	93	58.1
2107	박원경	79	61	91	53.5
2108	최지은	86	88	78	58.4
2109	유덕연	71	62	91	53.0
2110	홍정현	92	34	70	40.4

[과목 가중치]

과목	가중치
보고서작성	10%
파워포인트	30%
엑셀	30%

 TIP

총점은 "보고서작성*가중치+파워포인트*가중치+엑셀*가중치"계산하며, 가중치는 절대 참조로 작성합니다.

10
S·e·c·t·i·o·n

함수식 입력하기

함수란 미리 정해져 있는 공식에 의해 값을 계산하는 것을 말합니다. 숫자 데이터를 이용하여 합계와 평균, 순위를 구하는 방법에 대해 알아보겠습니다.

01 합계와 평균 구하기 ★

1 '신입사원중간평가.xlsx' 파일을 불러옵니다. [G5] 셀을 선택한 다음 [수식] 탭의 [함수 라이브러리] 그룹에서 Σ(자동 합계)를 클릭합니다. 함수식이 표시되면 **Enter** 를 누릅니다.

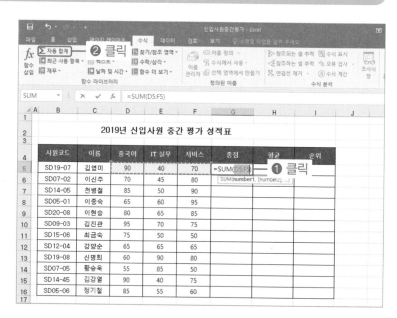

2 평균을 구하기 위해 [H5] 셀을 선택한 다음 [수식] 탭의 [함수 라이브러리] 그룹에서 Σ(자동 합계)의 내림 목록 단추를 클릭하여 [평균]을 선택합니다.

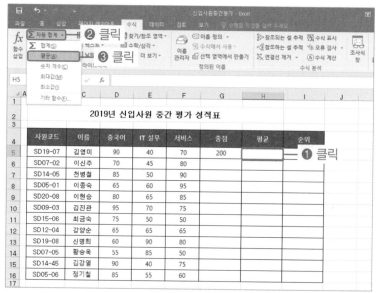

③ 함수식이 표시되면 데이터 범위를 수정하기 위해 [D5] 셀부터 [F5] 셀까지 드래그한 다음 **Enter** 를 누릅니다.

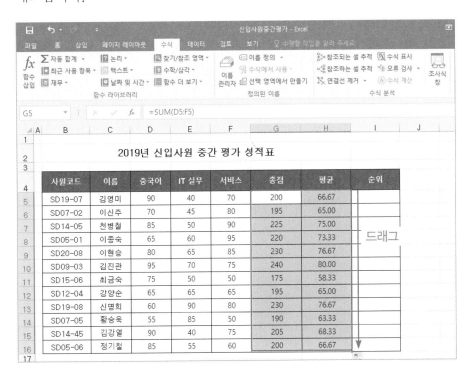

④ 수식을 복사하기 위해 [G5] 셀부터 [H5] 셀까지 블록을 설정한 다음 채우기 핸들을 [H16] 셀까지 드래그합니다.

사원코드	이름	중국어	IT 실무	서비스	총점	평균	순위
SD19-07	김영미	90	40	70	200	66.67	
SD07-02	이신주	70	45	80	195	65.00	
SD14-05	천병철	85	50	90	225	75.00	
SD05-01	이종숙	65	60	95	220	73.33	
SD20-08	이현승	80	65	85	230	76.67	
SD09-03	김진관	95	70	75	240	80.00	
SD15-06	최금숙	75	50	50	175	58.33	
SD12-04	강양순	65	65	65	195	65.00	
SD19-08	신명희	60	90	80	230	76.67	
SD07-05	황승욱	55	85	50	190	63.33	
SD14-45	김강열	90	40	75	205	68.33	
SD05-06	정기철	85	55	60	200	66.67	

1 [I5] 셀을 선택한 다음 [수식] 탭의 [함수 라이브러리] 그룹에서 *fx* (함수 삽입)을 클릭합니다. [함수 마법사] 대화상자가 나타나면 범주 선택 목록 단추를 클릭하여 '통계'를 선택한 후 함수 선택 목록에서 'RANK.EQ'를 선택한 다음 [확인]을 클릭합니다.

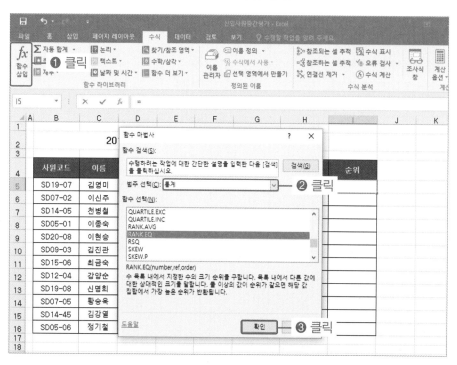

2 [함수 인수] 대화상자에서 Number 란에 순위를 구하려는 [H5] 셀을 클릭한 다음 Ref 란에 데이터 범위인 [H5] 셀부터 [H16] 셀까지 드래그합니다. **F4** 를 눌러 데이터 범위를 절대 참조로 지정하고 [확인]을 클릭합니다.

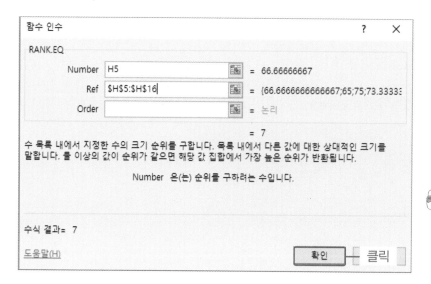

TIP
RANK.EQ 함수식을 아래 방향으로 수식 복사를 할 경우 참조 범위(Ref)는 변하면 안되므로, 절대 참조로 사용해야 됩니다.

3 [I5] 셀의 채우기 핸들을 [I16] 셀까지 드래그하여 수식을 복사합니다.

TIP

참조 연산자

종류	기능	입력 예
콜론(:)	연속된 데이터 범위를 참조	[A1:A20]
쉼표(,)	떨어진 데이터 범위를 참조	[A1, C1, F1]

셀 참조 방식

셀에 입력된 수식은 필요에 따라 상대 참조, 절대 참조, 혼합 참조 방법을 사용하여 다른 셀의 값을 참조할 수 있습니다. 셀 주소를 선택한 다음 **F4** 를 누를 때마다 상대 참조 → 절대 참조 → 행 고정 참조 → 열 고정 참조로 변화시킬 수 있습니다.

상대참조	**F4** →	절대참조	**F4** →	행 고정 참조	**F4** →	열 고정 참조
A1		A1		A$1		$A1

셀프 테스트

01 '쇼핑몰실적.xlsx' 파일을 불러와 합계와 평균을 함수를 이용하여 구해 보세요.

	A	B	C	D	E	F
1						
2		최근 3년간 온라인 쇼핑 매출 분석				
3						
4						(단위:억원)
5		분류	2017년	2018년	2019년	평균
6		패션의류	4,500	5,480	1,000	3,660
7		뷰티	8,200	9,370	1,500	6,357
8		출산/유아동	7,100	7,340	2,000	5,480
9		식품	6,400	9,939	800	5,713
10		주방용품	9,800	9,950	1,500	7,083
11		생활용품	5,900	5,720	2,500	4,707
12		홈인테리어	7,600	6,940	1,000	5,180
13		가전디지털	7,300	6,150	1,600	5,017
14		스포츠/레저	5,800	4,300	2,000	4,033
15		자동차용품	3,912	5,335	3,000	4,082
16		도서/음반	1,088	1,266	900	1,085
17		합계	67,600	71,790	17,800	52,397

TIP (자동 채우기 옵션)–[서식 없이 채우기]를 클릭하면 서식은 복사되지 않고 수식만 복사됩니다.

02 '체력테스트.xlsx' 파일을 불러와 종목별 순위를 구해 보세요.

	A	B	C	D	E	F	G	H	I	J
1										
2		개인 체력 테스트 결과								
3										
4		이 름	100M 달리기	순위		턱걸이	순위		던지기	순위
5		한민준	1:15초	1		6개	3		50m	6
6		정수민	1:20초	5		5개	5		39m	11
7		장윤서	1:16초	2		6개	3		40m	10
8		강지후	2:10초	10		3개	10		49m	7
9		성서영	1:50초	7		8개	1		48m	8
10		이지훈	1:17초	3		2개	12		38m	12
11		박지원	2:01초	9		4개	7		51m	5
12		최준서	2:15초	11		3개	10		47m	9
13		한예원	1:53초	8		4개	7		57m	4
14		이영환	1:20초	5		7개	2		71m	2
15		정준영	1:17초	3		4개	7		61m	3
16		김지혜	2:15초	11		5개	5		75m	1

TIP RANK.EQ 함수에서 큰값 순으로 순위를 구하기 위해서는 옵션 "0"을 입력합니다.

03 '경진대회.xlsx' 파일을 불러와 각 개인별 총점, 평균, 순위, 최고점수, 최저점수를 함수를 이용하여 계산해 보세요.

직원 IT 활용능력 평가표

사원번호	성명	한글	파워포인트	엑셀	총점	평균	순위
K-S-101	박원경	95	86	91	272.0	90.67	2
K-B-106	최지은	88	78	82	248.0	82.67	5
K-G-105	유덕연	70	91	67	228.0	76.00	9
K-S-104	장현수	80	85	82	247.0	82.33	6
K-D-114	차현덕	94	79	96	269.0	89.67	3
K-G-112	최은혁	86	94	81	261.0	87.00	4
K-D-107	이도유	79	83	76	238.0	79.33	8
K-B-129	이수영	86	75	81	242.0	80.67	7
K-G-134	이지혜	71	68	77	216.0	72.00	10
K-S-203	임현주	92	92	94	278.0	92.67	1
최고점수		95	94	96			
최소점수		70	68	67			

 MAX : 최고값, MIN : 최소값, RANK.EQ : 순위

 04 '통신요금.xlsx' 파일을 불러와 요금할인과 부가세, 요금합계를 구해 보세요.

5월 고객별 통신 요금 현황

할인율	1.5%						
성명	기본요금	음성통화료	데이터요금	부가서비스	요금할인	부가세	요금합계
김경근	14,500	24,000	32	2,590	-617	4,051	44,556
문태진	13,000	21,650	9,879	1,432	-689	4,527	49,799
김지영	18,000	19,850	25,056	3,000	-989	6,492	71,409
박성회	14,500	42,540	17,528	1,989	-1,148	7,541	82,950
명유미	8,500	35,640	33,508	5,762	-1,251	8,216	90,375
김정민	12,000	12,540	169,827	2,099	-2,947	19,352	212,871
김은혜	12,000	25,645	13,579	908	-782	5,135	56,485
김미라	8,500	35,452	12,489	537	-855	5,612	61,736
김종원	8,500	23,154	185,592	6,000	-3,349	21,990	241,887
박경현	13,000	2,754	1,190	3,521	-307	2,016	22,174

[홈] 탭의 [단락] 그룹에서 (자릿수 줄임)으로 소수 이하 자릿수를 조절할 수 있습니다.

요금할인은 SUM 함수를 이용하여 "기본요금+음성통화료+데이터요금+부가서비스"를 구한 다음 할인율을 곱하세요. 이때 할인율은 절대참조로 작성해야 됩니다. 부가세는 "기본요금+음성통화료+데이터요금+부가서비스+요금할인"의 10%입니다.

Excel 2016

11

S·e·c·t·i·o·n

기본 함수 익히기

엑셀에서 제공되는 많은 함수 중에 기본적으로 알고 있어야 하는 함수에 대해 살펴봅니다. 기본 함수는 사용 빈도가 높으며, 실제 업무에 많이 사용되는 함수이므로 함수명과 함수 형식을 알고 있어야 합니다.

01 금액으로 할인 금액과 총금액 구하기 ★

1 '예약현황.xlsx' 파일을 불러옵니다. 금액이 '200,000' 이상이면 '15%' 할인된 금액을 구하기 위해 [E6] 셀부터 [E15] 셀까지 블록을 설정한 다음 "=IF(D6〉=200000 ,D6*15%,0%)"를 입력한 후 **Ctrl** + **Enter** 를 눌러 블록 설정한 영역에 함수식을 입력합니다.

TIP

Ctrl + **Enter** : 셀 블록을 설정한 영역에 같은 내용을 한번에 입력합니다.

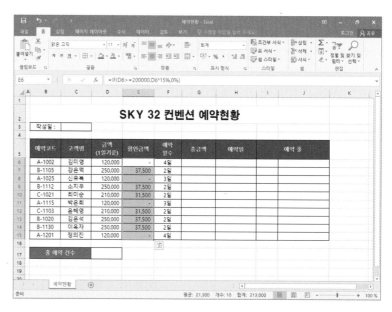

2 총금액을 구하기 위해 [G6] 셀부터 [G15] 셀까지 블록을 설정한 다음 "=ROUND((D6*F6)−E6,−3)"를 입력한 후 **Ctrl** + **Enter** 를 눌러 총 금액을 구합니다.

TIP

ROUND(값, 자릿수) : 주어진 값을 지정한 자릿수로 반올림하여 반환합니다. 자릿수를 양수로 지정하면 소수점 오른쪽에서, 음수를 지정하면 소수점 왼쪽에서 반올림이 일어납니다.

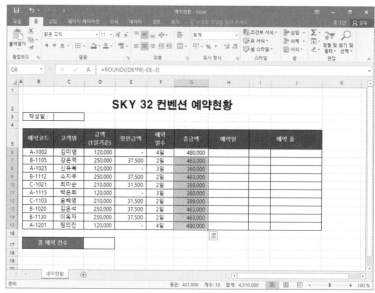

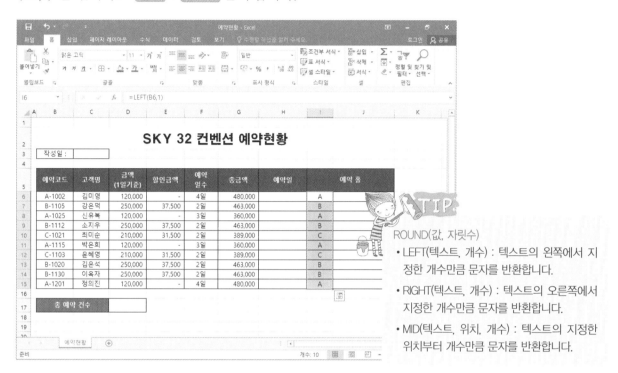

02 예약코드로 예약홀 구분하기 ★

① 예약코드의 왼쪽에 한 글자를 추출하기 위해 [I6] 셀부터 [I15] 셀까지 블록을 설정한 다음 "=LEFT (B6,1)"를 입력하고 **Ctrl** + **Enter** 를 누릅니다.

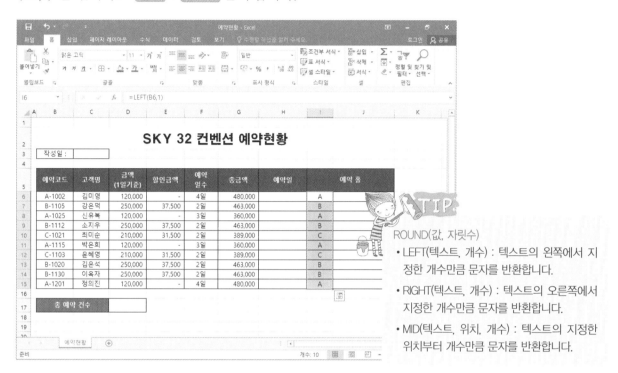

ROUND(값, 자릿수)
• LEFT(텍스트, 개수) : 텍스트의 왼쪽에서 지정한 개수만큼 문자를 반환합니다.
• RIGHT(텍스트, 개수) : 텍스트의 오른쪽에서 지정한 개수만큼 문자를 반환합니다.
• MID(텍스트, 위치, 개수) : 텍스트의 지정한 위치부터 개수만큼 문자를 반환합니다.

② [J6] 셀부터 [J15] 셀까지 블록을 설정한 다음 "=IF(I6="A","다이아몬드홀",IF(I6="b","그랜드볼룸"," 크리스탈홀"))"를 입력하고 **Ctrl** + **Enter** 를 누릅니다.

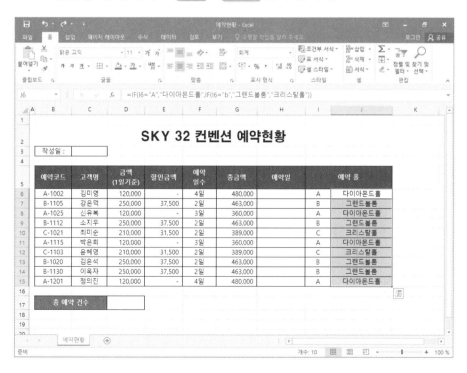

1 [C3] 셀에 오늘의 날짜를 표시하기 위해 "=TODAY()"를 입력하고 **Enter** 를 누릅니다.

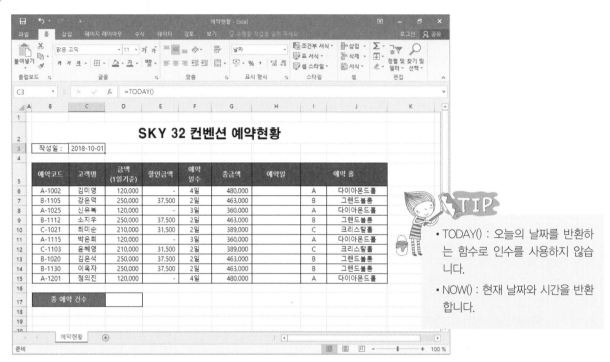

- TODAY() : 오늘의 날짜를 반환하는 함수로 인수를 사용하지 않습니다.
- NOW() : 현재 날짜와 시간을 반환합니다.

2 예약일을 구하기 위해 [H6] 셀부터 [H15] 셀까지 블록을 설정한 다음 "=MID(B6,3,2)&"월 "&MID(B6,5,2)&"일""를 입력하고 **Ctrl** + **Enter** 를 누릅니다.

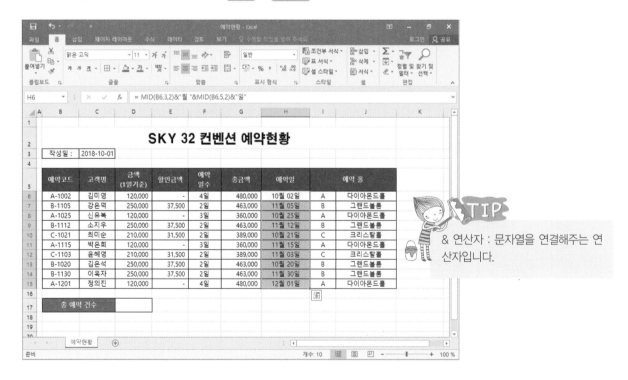

& 연산자 : 문자열을 연결해주는 연산자입니다.

③ 총 예약 건수를 구하기 위해 [D17] 셀을 선택한 다음 "=COUNTA(B6:B15)&"건""를 입력하고 **Enter** 를 누릅니다.

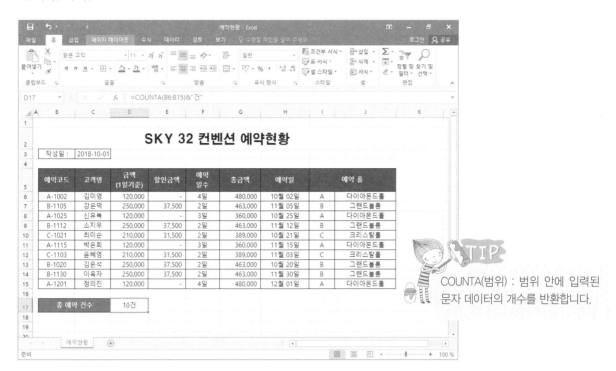

COUNTA(범위) : 범위 안에 입력된 문자 데이터의 개수를 반환합니다.

수식 오류

오류 값	설명
#DIV/0!	특정 숫자를 0으로 나누는 수식을 입력한 경우
#N/A	함수나 수식에 사용할 수 없는 값을 지정한 경우
#NAME?	인식할 수 없는 문자열을 수식에 사용한 경우
#NULL!	교차하지 않은 두 영역의 교점을 지정한 경우
#NUM!	수식이나 함수에 숫자와 관련된 문제가 있는 경우
#VALUE!	잘못된 인수 또는 피 연산자를 사용한 경우
#REF!	유효하지 않은 셀 참조를 지정한 경우
########	셀의 너비보다 숫자 데이터의 길이가 긴 경우

셀프 테스트

01 '콘도현황.xlsx' 파일을 불러와 작성일을 오늘 날짜로 표시하고, 직영점이 콘도이면 직원 무료 사용 횟수를 '연2회', 그 외는 '연1회'로 표시해 보세요.

여름 휴양지 콘도와 호텔 현황

작성일 : 2018-11-03

직영점	건축일자	휴양지	사용요금 (단위:원)	사용인원 (기준:일)	직원 무료 사용 횟수
홍도호텔	1997-02-20	바다	95,000	110명	연1회
화순콘도	1997-08-15	산	40,000	370명	연2회
양양콘도	1973-08-22	산	60,000	170명	연2회
여수호텔	2004-09-19	바다	55,000	120명	연1회
담양콘도	1984-10-05	산	80,000	150명	연2회
보령콘도	1990-07-08	바다	70,000	300명	연2회
속초콘도	2007-05-30	바다	90,000	180명	연2회
충주콘도	1997-02-20	산	75,000	260명	연2회

> **TIP**
>
> IF 함수 : =IF(조건, 조건식1, 조건식2)
> 주어진 조건에 만족하면 조건식1을, 그렇지 않을 경우 조건식2를 수행합니다.
>
> RIGHT 함수 : =IF(문자열, 인수)
> 주어진 문자열의 오른쪽에서부터 인수 값 만큼의 문자열을 추출합니다.

02 '사원명부.xlsx' 파일을 불러와 주민등록 번호를 이용하여 성별을 구하고, 생년월일을 이용하여 나이를 구해 보세요.

주식회사 찬반 사원 현황

사원번호	성명	주민등록번호	성별	생년월일	나이
AZ-001	김건후	900308-189****	남	1990-03-08	28
AZ-002	최민석	891218-269****	여	1989-12-18	28
WZ-003	배슬기	020724-422****	여	2002-07-24	16
AZ-004	이승완	910807-299****	여	1991-08-07	27
GZ-005	윤상근	030922-313****	남	2003-09-22	15
AZ-006	금잔디	900421-123****	남	1990-04-21	28
GZ-007	양영승	010111-299****	여	2001-01-11	17
AZ-008	이천만	020103-318****	남	2002-01-03	16
GZ-009	엄온아	830823-104****	남	1983-08-23	35
WZ-010	남회율	810325-235****	여	1981-03-25	37
WZ-011	김웅신	861018-123****	남	1986-10-18	32

> **TIP**
>
> 논리함수
> • AND(조건1, 조건2..) : 주어진 조건이 모두 참일 때 TRUE를 반환하고, 아니면 FALSE를 반환합니다.
> • OR(조건1, 조건2..) : 주어진 조건 중 하나 이상 참일 때 TRUE를 반환하고, 모두 거짓일 때 FALSE를 반환합니다.

• DATEDIF(시작일, 종료일, "옵션") : 시작일과 종료일 사이의 년의 수, 월의 수, 일의 수를 구합니다. 옵션이 "Y"이면 년의 수, "M"이면 월의 수, "D"이면 일의 수를 구합니다.

'납품현황.xlsx' 파일을 불러와 제품코드의 첫 번째 글자에 따라 제품종류(A=야채, B=과일, C=수산물)를 구하고 납품수량에 따라 할인율을 계산한 다음 금액(단가*수량*(1−할인율))을 구하시오. 할인율을 수량이 50 이상이면 30%, 50 미만이고 30 이상이면 10%, 그 외는 0%로 구해보세요.

찬반식품 납품현황

제품코드	제품종류	단가	납품수량	할인율	금액
C700	수산물	45,000	50	30%	1,575,000
B452	과일	18,000	35	10%	567,000
A365	야채	12,000	40	10%	432,000
B458	과일	35,000	25	0%	875,000
B652	과일	35,500	7	0%	248,500
B789	과일	24,500	5	0%	122,500
C458	수산물	10,800	20	0%	216,000
A347	야채	36,400	30	10%	982,800
A122	야채	26,500	45	10%	1,073,250
C109	수산물	25,400	50	30%	889,000

 '교육평가.xlsx' 파일을 불러와 출석, 파워포인트, 엑셀 점수의 평균을 반올림하여 정수로 구하세요. 평가는 출석점수가 45 미만이면서 평균이 70이하이면 "재교육"을 표시하고 나머지는 공백으로 처리해 보세요.

직원 정보화 교육 평가표

사원번호	성명	출석(50점)	파워포인트(100)	엑셀(100)	평균	평가
2101	서혜란	50	80	93	74	
2102	최성희	50	80	85	72	
2103	방제훈	45	51	61	52	재교육
2104	신인철	45	92	90	76	
2105	오정현	30	24	82	45	재교육
2106	홍우석	50	72	93	72	
2107	박원경	50	61	91	67	재교육
2108	최지은	45	88	79	71	
2109	유덕연	50	62	91	68	재교육
2110	홍정현	50	34	70	51	재교육

Excel 2016

12 조건에 따라 계산하는 함수
S·e·c·t·i·o·n

많은 양의 데이터에서 특정 조건에 맞는 데이터의 합계, 평균, 개수 등을 구할 수 있으며, 이름을 사용하여 수식을 보다 쉽게 이해하고 관리할 수 있습니다.

01 이름 정의하여 거래처 개수 구하기 ★

1 '거래처관리.xlsx' 파일을 불러옵니다. [B7] 셀부터 [B20] 셀까지 블록을 설정한 다음 이름 상자를 클릭하여 "지역"을 입력한 다음 **Enter** 를 누릅니다.

TIP

Ctrl + **Shift** +방향키 : 선택한 셀부터 방향키 방향으로 마지막 데이터가 있는 셀까지 블록이 설정됩니다.

입력 지역

A	B	C	D	E	F	G	H	I	J
1									
2				지 역	서울	경기	인천		
3		제일 무역 지역별 거래 현황							
4				총거래금액					
5				평균거래금액					
6									
7	지역	품명	담당자	분류	단가	수량	금액		
8	서울	100% 파인애플 주스	정찬욱	유제품	45,000	39	1,755,000		
9	서울	100% 자몽 주스	이민지	음료	50,000	17	850,000		
10	서울	100% 체리 시럽	엄태일	조미료	23,000	13	299,000		
11	경기	100% 포도 시럽	윤철수	조미료	35,000	53	1,855,000		
12	경기	100% 파인애플 시럽	김교학	조미료	20,000	2	40,000		
13	경기	블루베리 잼	민소영	조미료	23,000	120	2,760,000		
14	경기	특선 건과(사과)	강은정	가공 식품	15,000	15	225,000		
15	경기	육수 멸치	이주희	조미료	45,000	-	-		
16	인천	멕시코 상등육 삼겹살	박나래	육류	50,000	29	1,450,000		
17	인천	누르웨이산 연어 조림	박지안	해산물	19,400	31	601,400		

거래처관리

2 같은 방법으로 [H7] 셀부터 [H20] 셀까지 블록을 설정한 다음 이름 상자를 클릭하여 "금액"을 입력한 다음 **Enter** 를 누릅니다.

3 지역별 건수를 구하기 위해 [F3] 셀부터 [H3] 셀까지 블록을 설정한 다음 "=COUNTIF(지역,F2)&"건""를 입력하고 **Ctrl** + **Enter** 를 누릅니다.

TIP

COUNTIF(범위, 조건) : 지정한 범위에서 조건에 만족하는 셀의 개수를 구합니다.

F3 =COUNTIF(지역,F2)&"건"

A	B	C	D	E	F	G	H	I
1								
2				지 역	서울	경기	인천	
3		제일 무역 지역별 거래 현황			4건	6건	3건	
4				총거래금액				
5				평균거래금액				
6								
7	지역	품명	담당자	분류	단가	수량	금액	
8	서울	100% 파인애플 주스	정찬욱	유제품	45,000	39	1,755,000	
9	서울	100% 자몽 주스	이민지	음료	50,000	17	850,000	
10	서울	100% 체리 시럽	엄태일	조미료	23,000	13	299,000	
11	경기	100% 포도 시럽	윤철수	조미료	35,000	53	1,855,000	
12	경기	100% 파인애플 시럽	김교학	조미료	20,000	2	40,000	

1 지역별 총거래 금액을 구하기 위해 [F4] 셀부터 [H4] 셀까지 블록을 설정한 다음 "=SUMIF(지역,F2, 금액)"를 입력하고 **Ctrl** + **Enter** 를 누릅니다.

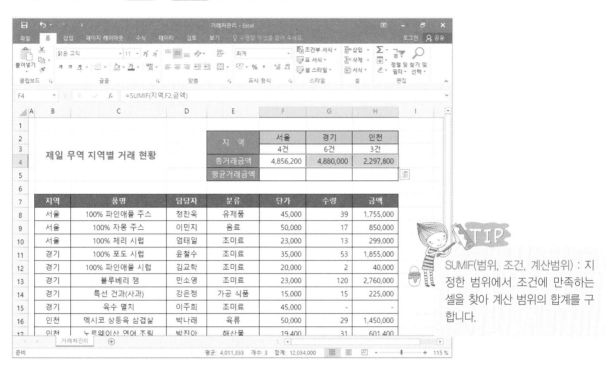

SUMIF(범위, 조건, 계산범위) : 지 정한 범위에서 조건에 만족하는 셀을 찾아 계산 범위의 합계를 구 합니다.

2 지역별 평균 거래 금액을 구하기 위해 [F5] 셀부터 [H5] 셀까지 블록을 설정한 다음 "=AVERAGE IF(지역,F2,금액)"를 입력하고 **Ctrl** + **Enter** 를 누릅니다.

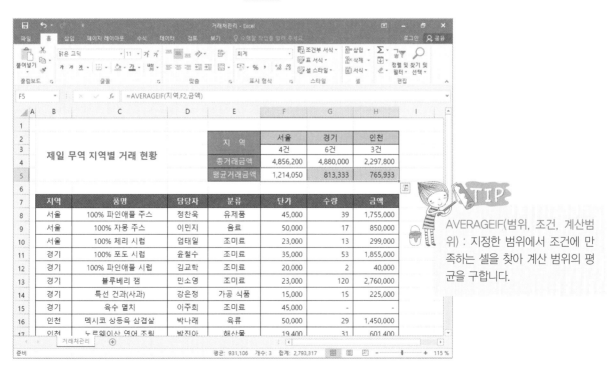

AVERAGEIF(범위, 조건, 계산범 위) : 지정한 범위에서 조건에 만 족하는 셀을 찾아 계산 범위의 평 균을 구합니다.

01 '디지털케이블현황.xlsx' 파일을 불러와 제작국가에 이름을 정의한 다음 제작국가의 개수를 구하세요.

디지털케이블TV 영화 VOD 시청현황

번호	FIMS코드	영화명	제작연도	제작국가	2018년 이용건수
1	20150976	신과함께-죄와 벌	2017	한국	649,478
2	20171909	쥬만지: 새로운 세계	2017	미국	246,400
3	20179985	코코	2017	미국	146,497
4	20178581	오리엔트 특급 살인	2017	미국	157,701
5	20177104	페르디난드	2017	미국	46,883
6	20174846	뽀로로 극장판 공룡섬 대모험	2017	한국	172,636
7	20175054	메이즈 러너: 데스 큐어	2017	미국	37,050
8	20174965	극장판 포켓몬스터 너로 정했다!	2017	일본	52,206
9	20171024	너의 췌장을 먹고 싶어	2017	일본	42,263
10	20174142	아이 캔 스피크	2017	한국	64,332
11	20172603	부라더	2017	한국	129,819
12	20156807	뽀로로 극장판 컴퓨터 왕국 대모험	2015	한국	35,470

[제작 국가별 영화 수]

한국	6
미국	7
일본	3

02 '입금현황.xlsx' 파일을 불러와 입금방법에 따른 입금액의 합계를 구하세요.

11월 거래처 입금 현황

번호	일자	당당자	거래처	금액	입금방법
1	11-07	한민준	대광물산	494,708	온란인
2	11-07	정수민	산진산업	779,069	현금
3	11-08	장윤서	부광물산	946,106	현금
4	11-08	강지후	현대상사	2,460,400	온라인
5	11-09	김희진	대한물산	2,302,060	온라인
6	11-10	이지훈	한진운수	5,006,836	어음
7	11-10	박지원	서울상사	1,750,190	수표
8	11-10	한민준	대광물산	3,060,880	수표
9	11-11	이지훈	한진운수	5,905,287	어음
10	11-12	이영환	청운실업	1,720,636	현금
11	11-13	민호진	미성운수	6,443,007	현금
12	11-13	김희진	대한물산	5,767,571	어음
13	11-13	우진섭	영진실업	118,239	수표
14	11-13	홍철중	삼진통상	7,420,318	어음
15	11-13	김희진	대한물산	1,621,488	온라인
16	11-13	강지후	현대상사	9,801,822	온라인
17	11-13	이민주	일산운수	8,808,684	어음

[입금방법]

	금액
현금	10,538,818
온라인	16,185,770
수표	6,210,731
어음	38,723,846
합계	71,659,165

03 '상반기거래내역.xlsx' 파일의 [상반기] 시트에서 담당팀, 금액에 이름을 정의한 다음 담당팀명에 따라 거래횟수와 금액의 합계 및 평균을 계산하세요.

	A	B	C	D	E	F	G
1							
2		**2019년 상반기 거래 내역**					
3							
4		팀 명	패션의류	식품	뷰티케어	패션의류	
5		거 래 횟 수	26	30	32	26	
6		총 거 래 금	173,418,000	53,569,000	164,842,000	173,418,000	
7		평 균 거 래	6,669,923	1,785,633	5,151,313	6,669,923	
8							
9		판매일자	담당팀	제품명	단가	수량	금액
10		2019-01-04	패션의류	구스파카	350,000	17	5,950,000
11		2019-01-04	식품	포기김치	89,000	37	3,293,000
12		2019-01-04	뷰티케어	로즈향수	123,000	47	5,781,000
13		2019-01-05	식품	사과3Kg	123,000	53	6,519,000
14		2019-01-06	뷰티케어	립스틱Set	58,000	57	3,306,000
15		2019-01-13	뷰티케어	로즈향수	123,000	46	5,658,000
16		2019-01-14	패션의류	야상패딩	295,000	20	5,900,000
17		2019-01-15	패션의류	구스파카	350,000	25	8,750,000
18		2019-01-17	패션의류	캐주얼 후드티	187,000	23	4,301,000
19		2019-01-17	패션의류	구스파카	350,000	30	10,500,000
20		2019-01-18	뷰티케어	로즈향수	123,000	38	4,674,000
21		2019-01-19	패션의류	구스파카	350,000	15	5,250,000
22		2019-01-20	패션의류	등산바지	480,000	5	2,400,000
23		2019-01-25	식품	포기김치	89,000	19	1,691,000

 04 '결산내역.xlsx' 파일을 불러와 거래처, 제품명, 금액 영역에 이름을 정의한 다음 [J4] 셀에 입력한 거래처에 대한 제품별 총금액과 평균금액을 구하세요.

	B	C	D	E	F	G	H	I	J	K
1										
2		**2019년 거래처별 결산내역**								
3										
4	판매일자	거래처	제품명	단가	수량	금액		거래처 선택 :	안성미디어	
5	01/01	안성미디어	모뎀	123,000	17	2,091,000		제품명	총금액	평균금액
6	01/01	한나라유통	스캐너	295,000	37	10,915,000		스 캐 너	144,255,000	10,303,929
7	01/02	유정통신	모뎀	123,000	47	5,781,000		프 린 터	94,435,000	5,246,389
8	01/02	한나라유통	모뎀	123,000	53	6,519,000		모 니 터	30,750,000	6,150,000
9	01/04	유정통신	스캐너	295,000	57	16,815,000		모 뎀	101,352,000	4,826,286
10	01/04	대한컴퓨터	모뎀	123,000	12	1,476,000				
11	01/05	대한컴퓨터	모뎀	123,000	17	2,091,000				
12	01/07	대한컴퓨터	스캐너	295,000	59	17,405,000				
13	01/10	유정통신	모뎀	123,000	46	5,658,000				
14	01/10	대한컴퓨터	모뎀	123,000	16	1,968,000				
15	01/12	칠성산업	프린터	187,000	52	9,724,000				
16	01/13	안성미디어	스캐너	295,000	40	11,800,000				
17	01/13	안성미디어	모뎀	123,000	52	6,396,000				
18	01/13	칠성산업	모니터	250,000	12	3,000,000				
19	01/16	안성미디어	프린터	187,000	23	4,301,000				
20	01/16	안성미디어	모뎀	123,000	38	4,674,000				
21	01/16	유정통신	모뎀	123,000	38	4,674,000				
22	01/22	안성미디어	모뎀	123,000	58	7,134,000				

찾기/참조 영역 함수 활용하기

S·e·c·t·i·o·n

특정 영역에서 원하는 데이터를 찾아 관련 정보를 얻기 위해 HLOOKUP 또는 VLOOKUP 함수를 사용합니다. 또한 데이터의 위치를 숫자로 변환하는 MATCH와 행과 열 번호를 이용하여 특정 셀의 데이터 값을 반환하는 INDEX 함수를 많이 사용합니다.

01 찾기 함수로 값 찾기 ★

1 '주문관리.xlsx' 파일을 불러옵니다. 선택한 상품의 단가를 찾기 위해 [G4] 셀을 선택한 다음 "=VLOOKUP(G3,B3:D9,2,0)"을 입력하고 **Enter** 를 누릅니다.

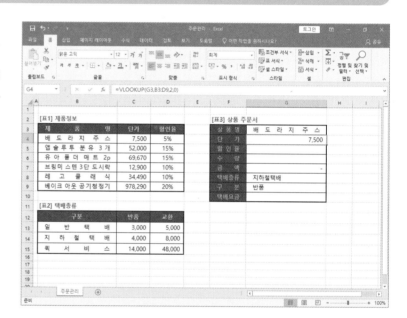

2 이번에는 할인율을 찾기 위해 [G5] 셀을 선택한 다음 "=VLOOKUP(G3,B3:D9,3,0)"을 입력하고 **Enter** 를 누릅니다.

3 [G6] 셀에 임의의 수량을 입력하고 **Enter** 를 누릅니다.

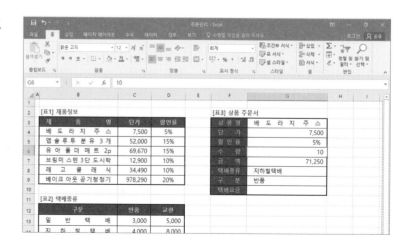

1 [H9] 셀을 선택한 다음 "=MATCH(G8,B12:B15,0)"을 입력하여 [G9]에 입력된 데이터의 위치 값을 구합니다.

2 [H10] 셀을 선택한 다음 "=MATCH(G9,B12:D12,0)"을 입력하여 [G10]에 입력된 데이터의 위치 값을 구합니다.

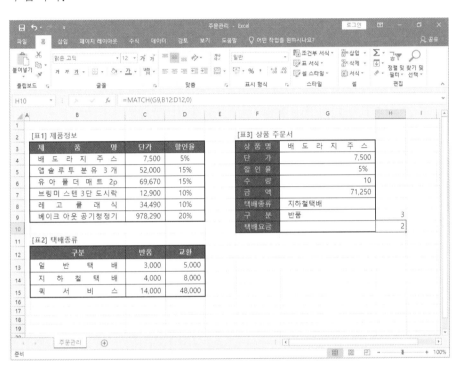

3 택배요금을 구하기 위해 [G10] 셀을 선택한 다음 "=INDEX(B12:D15,H9,H10)"을 입력하여 [G9]에 입력된 데이터의 위치 값을 구합니다.

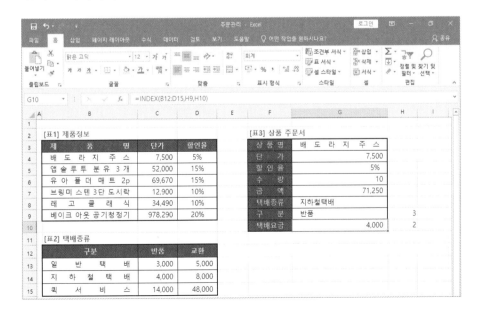

 01 '일일판매현황.xlsx' 파일을 불러와 '제품코드별 단가' 표를 참조하여 상품명과 단가를 구하세요.
금액은 '단가*(1-할인율)*수량'으로 계산하여 구해 보세요.

EMONS 일일 판매 현황

지점	제품코드	상품명	단가	수량	할인율	금액
서울	AB101	로제침대	1,370,000	12	10%	14,796,000
부산	BC301	트리모침대	1,250,000	5	5%	5,937,500
부산	FQ455	블리스S 침대	890,000	7	5%	5,918,500
서울	FQ455	블리스S 침대	890,000	12	10%	9,612,000
울산	BC301	트리모침대	1,250,000	9	5%	10,687,500
대전	FQ455	블리스S 침대	890,000	10	10%	8,010,000
울산	FQ455	블리스S 침대	890,000	18	10%	14,418,000
서울	BD103	아델 침대	978,000	10	10%	8,802,000
전주	E4102	리찌 침대	1,020,000	5	5%	4,845,000
전주	BC301	트리모침대	1,250,000	7	0%	8,750,000
대구	FQ455	블리스S 침대	890,000	5	5%	4,227,500
서울	BC301	트리모침대	1,250,000	10	10%	11,250,000
대구	BC301	트리모침대	1,250,000	14	10%	15,750,000
전주	FQ455	블리스S 침대	890,000	13	10%	10,413,000

[제품코드별 단가]

제품코드	상품명	단가
AB101	로제침대	1,370,000
BC301	트리모침대	1,250,000
FQ455	블리스S 침대	890,000
BD103	아델 침대	978,000
E4102	리찌 침대	1,020,000

02 '홍보전략.xlsx' 파일을 불러와 [표1]을 참조하여 직위별 업무수행비를 구해 보세요.

홍보 전략 운영 구성 현황

이름	소속	직위	참여기간(월)	업무수행비
한민준	홍보실	차장	4	1,600,000
정수민	전산실	과장	3	1,050,000
장윤서	기획실	대리	5	1,500,000
강지후	영업부	과장	5	1,750,000
김회진	기획실	대리	4	1,200,000
이지훈	전산실	사원	3	75,000
박지원	영업부	사원	5	125,000
이영환	기획실	대리	5	1,500,000
민호진	홍보실	사원	5	125,000
우진섭	홍보실	과장	5	1,750,000
한지수	기획실	차장	4	1,600,000
이영재	전산실	사원	3	75,000

[표1]

	사원	대리	과장	차장
업부수행비	25,000	300,000	350,000	400,000
고통비	100,000	100,000	150,000	150,000
식비	200,000	200,000	250,000	250,000

03 '성적조회.xlsx' 파일을 불러와 이름정의를 이용하여 [B4:G4] 영역의 대해 첫 행에 있는 레이블로 각 열의 이름을 정의한 다음 [L5] 셀에 해당하는 학번의 성적을 INDEX와 MATCH 함수를 이용하여 구해 보세요.

학번	이름	웨딩플래너 실무	바리스타 실무	연회 실무	외식 산업개론	점수	판정
DW201801	한민준	58	81	71	80	73	
DW201802	정수민	65	80	93	90	82	우수
DW201803	장윤서	82	87	78	65	78	
DW201804	강지후	58	50	55	70	58	
DW201805	김희진	86	69	54	95	76	
DW201806	이지훈	86	94	85	100	91	우수
DW201807	박지원	64	53	87	85	72	
DW201808	이영환	81	92	88	60	80	우수
DW201809	민호진	90	87	95	65	84	우수
DW201810	우진섭	71	82	88	80	80	우수

동원대학교 호텔조리학과 성적 현황

성적조회	
학　　　번	DW201802
이　　　름	정수민
웨딩플래너실무	65
바 리 스 타 실 무	80
연　회　실　무	93
외식산업개론	90
판　　　정	우수

> [B4:I14] 셀을 블록 설정한 다음 [수식]-[정의된 이름] 그룹에서 🔲(선택 영역에서 만들기)를 클릭하여 각 열의 이름으로 이름을 정의합니다.

 04 '택배요금.xlsx' 파일을 불러와 [이용요금]을 참조하여 지역과 규격에 대한 이용요금을 INDEX와 MATCH 함수를 이용하여 구해 보세요.

안전제일택배 이용요금 안내

지역	규격	이용요금
제주권역	중형	₩ 11,000

[이용요금]

	초소형	소형	중형	대형
동일권역	5,000	6,000	7,000	8,000
타권역	6,000	7,000	8,000	9,000
제주권역	9,000	10,000	11,000	12,000
도서지역	11,000	12,000	13,000	14,000

Excel 2016

14
S·e·c·t·i·o·n
스파크라인 차트 만들기

단일 셀에 표시되는 미니 차트로 선택 영역의 각 데이터 행을 표현합니다.

01 스파크라인 만들기 ★

1 '사무능력평가.xlsx' 파일을 불러옵니다. [G5] 셀부터 [G15] 셀까지 블록을 설정한 다음 [삽입] 탭의 [스파크라인] 그룹에서 ⏸(열)을 클릭합니다.

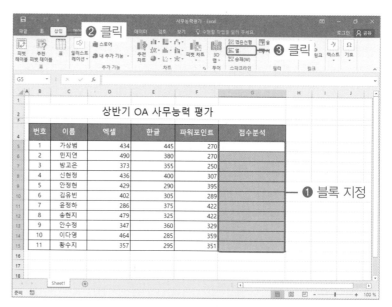

2 [스파크라인 만들기] 대화상자의 데이터 범위를 [D5] 셀부터 [F15] 셀까지 드래그하여 영역을 설정한 다음 [확인]을 클릭합니다.

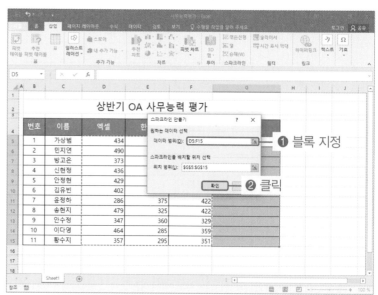

1. [G5] 셀부터 [G15] 셀까지 블록을 설정한 다음 [스파크라인 도구]–[디자인] 탭의 [스타일] 그룹에서 원하는 스타일을 선택합니다. 여기서는 [스파크라인 강조6(어둡게 또는 밝게 없음)]을 선택했습니다.

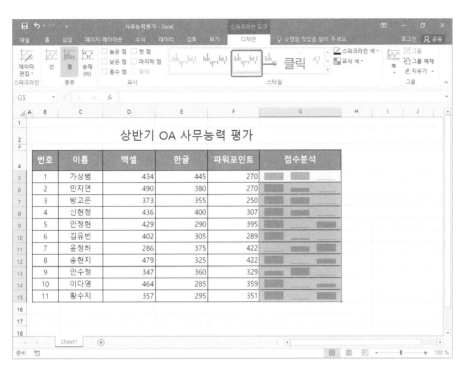

2. [스파크라인 도구]–[디자인] 탭의 [표시] 그룹에서 '높은 점'을 선택한 다음 [스타일] 그룹에서 ▣·(표식 색)을 클릭하여 원하는 색을 선택합니다.

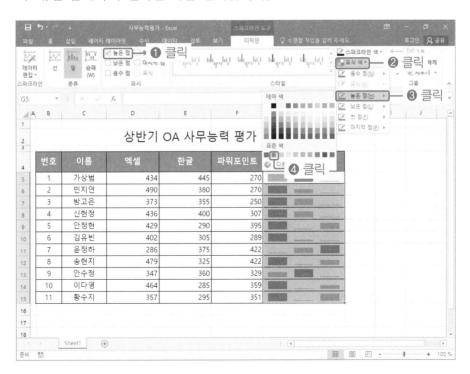

셀프 테스트

01 '장학금현황.xlsx' 파일을 불러와 연도별 스파크라인을 삽입해 보세요.

	구분	2015년	2016년	2017년	2018년	성적그래프
4	성적장학	42,437	43,632	47,664	47,254	
5	가계장학	11,666	12,769	13,182	14,568	
6	근로장학	27,345	27,973	31,570	33,280	
7	합계	81,448	84,374	92,353	95,102	

제목: 연도별 장학금 현황

02 '성적표.xlsx' 파일을 불러와 중간과 기말 데이터를 이용하여 꺾은선형 스파크라인을 삽입해 보세요.

학번	성명	중간	기말	총점	성적그래프
2018-0901	김사려	35	38	73	
2018-0902	지구본	29	22	51	
2018-0903	이파란	33	34	67	
2018-0904	유지방	27	25	52	
2018-0909	신기해	32	31	63	
2018-0906	강아진	34	39	73	
2018-0907	금성인	39	38	77	
2018-0908	김추가	25	11	36	
2018-0909	정별도	34	23	57	
2018-0910	구문제	33	35	68	

제목: 호텔경영학과 성적표

'시청율.xlsx' 파일을 불러와 열 스파크라인을 삽입한 후 높은 점과 낮은 점의 색을 바꿔 보세요.

4월 드라마 시청율(%)

프로그램	손목시계	동의보감	인연	그대와나	시청률 현황
첫째주	20.0	12.0	5.0	14.3	
둘째주	14.6	20.0	17.1	18.6	
셋째주	17.0	21.4	18.4	20.1	
넷째주	21.0	15.9	13.6	14.9	

TIP

스파크라인 색의 높은 점과 낮은 점의 색은 [스파크라인 도구]-[디자인] 탭의 [스타일] 그룹에서 █(표식 색)을 클릭하여 변경할 수 있습니다.

 '시청율.xlsx' 파일의 열 스파크라인을 승패 스파크라인으로 변경하고, 높은점과 낮은 점의 색을 변경해 보세요.

4월 드라마 시청율(%)

프로그램	손목시계	동의보감	인연	그대와나	시청률 현황
첫째주	20.0	12.0	5.0	14.3	
둘째주	14.6	20.0	17.1	18.6	
셋째주	17.0	21.4	18.4	20.1	
넷째주	21.0	15.9	13.6	14.9	

15 차트 만들기

S·e·c·t·i·o·n

많은 양의 데이터를 시각적으로 표현하는 것으로 데이터의 흐름과 크기를 알기 쉽게 전달 할 수 있습니다. 차트는 데이터로 연결되어 있어 원본 데이터를 수정하면 차트도 자동으로 변경됩니다.

01 차트 삽입하기 ★

① '한진매출현황.xlsx' 파일을 불러온 다음 [B4] 셀부터 [H8] 셀까지 블록을 설정한 다음 [삽입] 탭의 [차트] 그룹에서 ▮▮▾(세로 또는 가로 막대형 차트 삽입)–[묶은 세로 막대형]을 선택합니다.

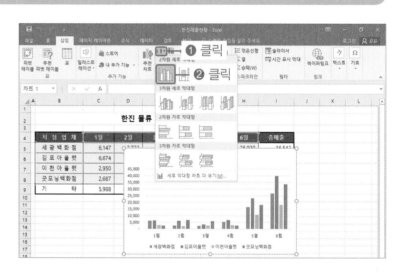

② 삽입한 차트의 영역을 드래그하여 차트를 이동한 다음 크기 조절 핸들을 드래그하여 차트 크기를 조정합니다.

③ [차트 도구]–[디자인] 탭의 [차트 스타일] 그룹에서 '스타일3' 차트 스타일을 선택합니다.

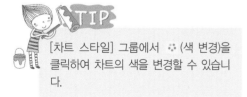

TIP

[차트 스타일] 그룹에서 ❖(색 변경)을 클릭하여 차트의 색을 변경할 수 있습니다.

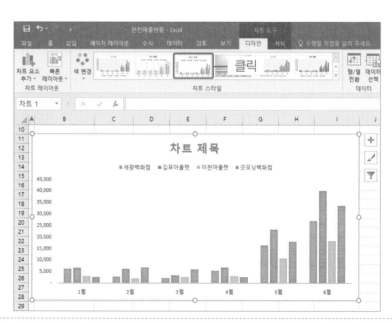

1 차트 제목 상자를 클릭하여 "매출현황"을 입력한 다음 세로 축 제목을 삽입하기 위해 [디자인] 탭의 [차트 레이아웃] 그룹에서 📊 (차트 요소 추가) –[축 제목]–[기본 세로]를 클릭합니다.

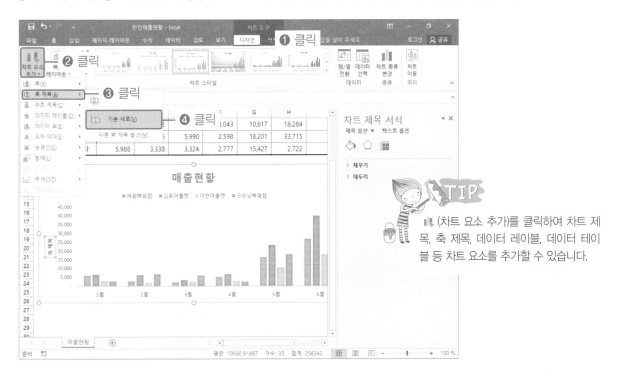

📊 (차트 요소 추가)를 클릭하여 차트 제목, 축 제목, 데이터 레이블, 데이터 테이블 등 차트 요소를 추가할 수 있습니다.

2 세로 축 제목 상자가 나타나면 "단위:천원"을 입력하고 마우스 오른쪽 단추를 클릭하여 [축 제목 서식]을 선택합니다.

3 [축 제목 서식] 작업 창에서 [제목 옵션]의 📊 (크기 및 속성)을 클릭하여 텍스트 방향 목록 단추를 클릭한 다음 '가로'를 선택합니다.

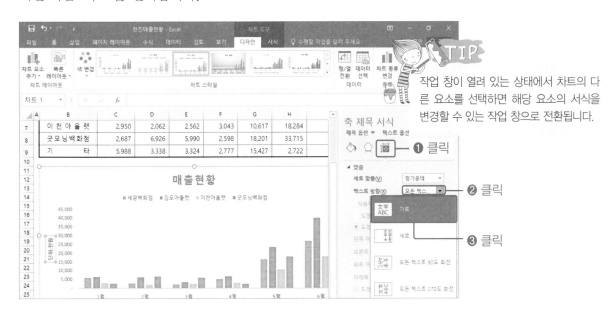

작업 창이 열려 있는 상태에서 차트의 다른 요소를 선택하면 해당 요소의 서식을 변경할 수 있는 작업 창으로 전환됩니다.

④ 차트에서 '세로 값 축'을 선택합니다. [축 서식] 작업 창에서 ▮▮(축 옵션)을 클릭한 다음 [축 옵션]을 선택합니다. 축 옵션의 경계에서 최대에 '50000', 단위의 주에 '10000'을 입력합니다.

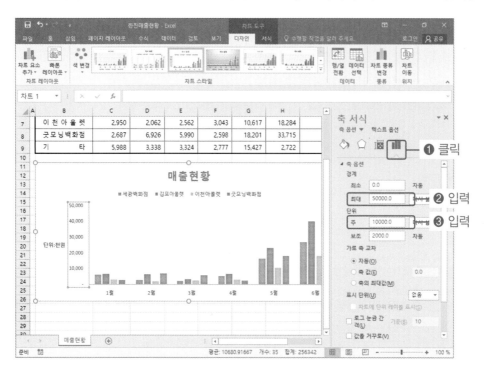

⑤ 범례를 선택한 다음 [범례 서식] 작업 창에서 ▮▮(범례 옵션)을 클릭한 다음 '아래쪽'을 선택합니다.

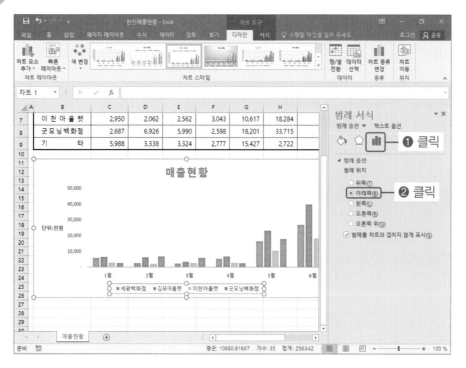

⑥ '굿모닝백화점' 데이터 막대를 선택한 다음 [디자인] 탭의 [차트 레이아웃] 그룹에서 ⊞ (차트 요소 추가)-[데이터 레이블]-[바깥쪽 끝에]를 클릭합니다.

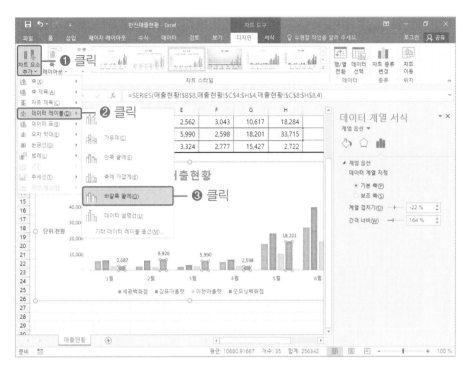

⑦ '김포아울렛' 데이터 막대를 선택한 다음 다시 '6월 김포 아울렛' 데이터 막대를 클릭합니다. [데이터 요소 서식] 작업 창에서 ◇ (채우기 및 선)을 선택한 다음 [채우기]-[단색 채우기]를 선택하고 '빨강'을 선택합니다.

01 '공업사.xlsx' 파일을 불러와 그림과 같이 가로 막대형 차트를 작성해 보세요.

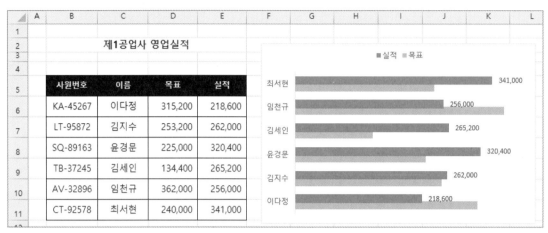

	제1공업사 영업실적			
사원번호	**이름**	**목표**	**실적**	
KA-45267	이다정	315,200	218,600	
LT-95872	김지수	253,200	262,000	
SQ-89163	윤경문	225,000	320,400	
TB-37245	김세인	134,400	265,200	
AV-32896	임천규	362,000	256,000	
CT-92578	최서현	240,000	341,000	

TIP
• 계열 겹치기와 간격 : 데이터 계열 서식 작업 창의 (25%)와 간격 너비(100%)를 조절합니다.

02 '해외직구현황.xlsx' 파일을 불러와 3차원 원형 차트를 삽입해 보세요.

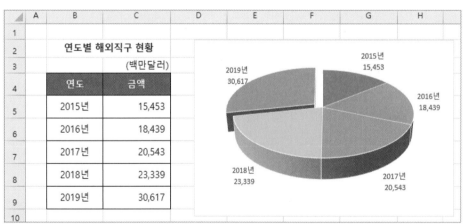

연도별 해외직구 현황	
	(백만달러)
연도	**금액**
2015년	15,453
2016년	18,439
2017년	20,543
2018년	23,339
2019년	30,617

TIP
• 데이터 레이블 : [차트 레이아웃] 그룹 – ⬛ (차트 요소 추가) –[데이터 레이블]–[바깥쪽 끝에]를 선택합니다.
• 데이터 레이블 서식 작업 창에서 ⬛ (레이블 옵션)을 클릭하여 '항목 이름', '값', 구분 기호(줄바꿈)을 선택합니다.

03 '인증점수.xlsx' 파일을 불러와 콤보 차트를 작성해 보세요.

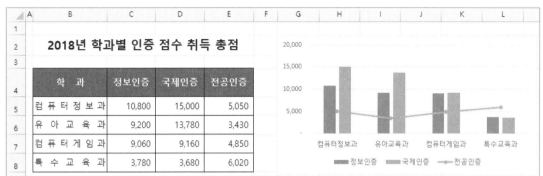

TIP

혼합 차트 : 묶은 세로 막대형을 삽입한 다음 '전공인증' 데이터 계열을 선택한 다음 (차트 종류 변경)을 클릭합니다. [차트 종류 변경] 대화상자에서 [모든 차트]-[콤보]를 선택한 다음 전공인증 차트의 목록 단추를 클릭하여 '표식이 있는 꺾은 선형'을 선택합니다.

 04 '인증점수.xlsx' 차트의 서식을 바꿔보고, 데이터 레이블을 그림과 같이 표시해 보세요.

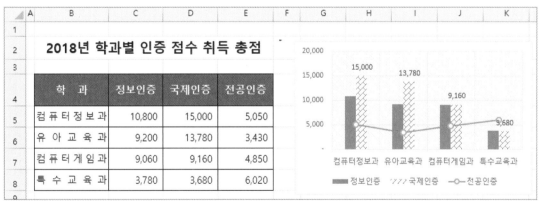

Excel 2016

16 데이터 유효성 검사하기

S·e·c·t·i·o·n

사용자가 셀에 입력하는 데이터 형식 또는 값을 제한하는 기능으로, 정수, 날짜, 텍스트 길이 등으로 데이터의 입력 값을 제한할 수 있습니다.

01 목록으로 제품명 입력하기 ★

1 '판매내역.xlsx' 파일을 불러온 다음 [F6] 셀부터 [F13] 셀까지 블록을 설정한 [데이터] 탭의 [데이터 도구] 그룹에서 (데이터 유효성 검사)를 클릭합니다.

2 [데이터 유효성] 대화상자에서 제한 대상을 '목록'으로 선택하고, 원본 입력란을 클릭하여 [B6] 셀부터 [B12] 셀까지 드래그한 다음 [확인]을 클릭합니다.

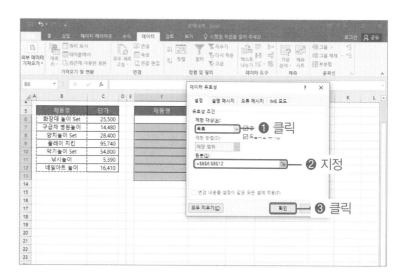

3 제품명의 목록 단추를 클릭하여 입력한 제품명을 선택합니다.

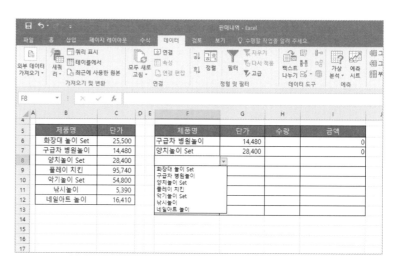

① [H6] 셀부터 [H13] 셀까지 블록을 설정한 [데이터] 탭의 [데이터 도구] 그룹에서 ☑ (데이터 유효성 검사)를 클릭합니다.

② [데이터 유효성] 대화상자에서 제한 대상을 '정수'로 선택하고, 최소값에 "0", 최대값에 "20"을 입력하고 [확인]을 클릭합니다.

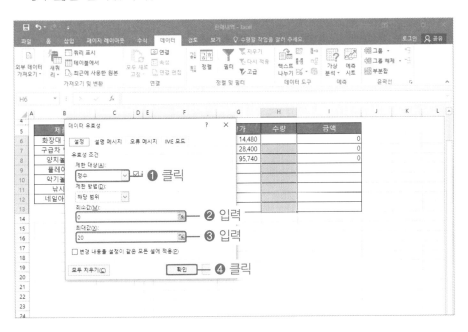

③ 수량란에 0에서부터 20 사이의 데이터를 입력합니다. 만약 0에서부터 20사이의 데이터가 아닌 값을 입력하면 그림과 같이 메시지가 나타납니다.

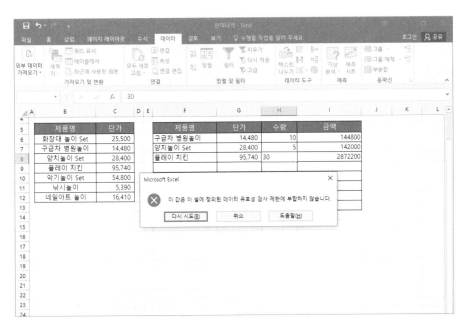

셀프 테스트

01 '가나물산.xlsx' 파일을 불러와 [I4:I7] 셀의 데이터를 이용하여 부서를 데이터 유효성 검사로 설정해 보세요.

	A	B	C	D	E	F	G	H	I
1									
2				가나 물산 영업 현황					
3									
4		이름	부서	2016년	2017년	2018년	2019년		부서
5		이지연	영업1팀	1,564.0	2,043.5	2,039.3	1,646.3		영업1팀
6		한가람	영업3팀	1,772.9	1,441.9	1,478.6	1,983.3		영업2팀
7		오두영	영업2팀	832.5	1,204.5	1,430.4	1,189.9		영업3팀
8		안치연	영업2팀	1,382.1	1,777.7	1,725.5	1,415.1		
9		명기영	영업3팀	1,488.2	1,573.1	1,300.3	1,626.8		
10		나미인	영업1팀	1,090.4	1,419.7	1,943.4	1,409.5		
11		전소영	영업2팀	1,420.1	1,283.6	1,656.1	1,217.7		
12		하지회	영업3팀	1,074.3	2,141.8	1,704.4	1,642.6		

TIP

[데이터 유효성 검사] 대화상자에서 제한 대상을 '목록'으로 설정하고 원본란에 데이터 영역을 [I5:I7] 셀로 설정합니다.

02 '계절학기성적.xlsx' 파일을 불러와 학년 데이터를 1에서 3까지만 입력할 수 있도록 데이터 유효성 검사로 설정해 보세요.

	A	B	C	D	E	F	G
1							
2		항공대학 IT 학부 계절학기 성적현황					
3							
4		성명	학년	이론	실습	레포트	최종점수
5		김영국	1	77	97	77	83.7
6		태미현	1	77	89	77	81.0
7		소나래	2	56	76	56	62.7
8		김예은	3	88	80	88	85.3
9		노상식	3	88	94	88	90.0
10		안태수	2	91	67	91	83.0
11		표인미	3	82	56	82	73.3
12		김평주	2	77	89	77	81.0
13		전소영	1	34	90	34	52.7

TIP

[데이터 유효성 검사] 대화상자에서 제한 대상을 '정수'로 설정하고 최소값과 최대값을 설정합니다.

03 '강사현황.xlsx' 파일을 불러와 성별을 '남' 또는 '여'만 입력할 수 있도록 데이터 유효성 검사로 설정해 보세요.

번호	주민등록번호	성명	과목	성별	연봉
		가나 학원 교사 현황			
1	851010-2123456	나소인	영어	여	25,000,000
2	890621-1123456	함하영	국어	남	20,000,000
3	760725-2234567	오정철	영어	여	30,000,000
4	751231-1357901	김세연	수학	남	35,000,000
5	730409-1124568	이승희	수학	남	45,000,000
6	761122-1987546	이인원	국어	여	38,000,000
7	730815-2654126	김성은	영어	남	40,000,000
8	710917-2123658	유지온	국어	여	43,000,000

> **TIP** [데이터 유효성 검사] 대화상자에서 제한 대상을 '목록'으로 설정하고 원본란에 데이터 항목을 쉼표(,)로 구분하여 입력합니다.

 04 '가격비교현황.xlsx' 파일을 불러와 [I3:I10] 셀의 제품코드를 참조하여 중복된 상품코드를 입력할 수 없도록 설정하고, 잘못된 데이터를 표시해 보세요.

제품코드	담당자	수입국가	수입가격	판매가격	이익		제품코드
			제품별 가격 비교				
TB-200	홍현성	독일	₩ 450,000	₩ 545,000	₩ 95,000		PQ-150
PQ-150	김미정	영국	₩ 315,000	₩ 425,300	₩ 110,300		PQ-300
PQ-300	김미정	대만	₩ 265,000	₩ 350,000	₩ 85,000		MW-110
MW-110	한철수	홍콩	₩ 426,200	₩ 583,500	₩ 157,300		PQ-200
TB-200	홍현성	독일	₩ 597,200	₩ 852,500	₩ 255,300		MW-400
PQ-200	김미정	대만	₩ 235,350	₩ 300,000	₩ 64,650		TB-150
MW-400	한철수	대만	₩ 378,500	₩ 445,300	₩ 66,800		MW-320
TB-150	홍현성	영국	₩ 99,300	₩ 275,000	₩ 175,700		
MW-110	한철수	홍콩	₩ 315,400	₩ 515,000	₩ 199,600		
PQ-300	김미정	독일	₩ 235,900	₩ 415,000	₩ 179,100		

> **TIP** [데이터] 탭의 [데이터 도구] 그룹에서 ☷ (데이터 유효성 검사)-[잘못된 데이터]를 클릭하면 잘못 입력된 데이터에 유효성 표시가 나타납니다.

17
S·e·c·t·i·o·n

데이터 정렬과 부분합

정렬 기능으로 데이터를 순서대로 배치할 수 있으며, 특정 기준에 따라 데이터를 그룹으로 묶어 합계, 평균, 최대값, 최소값 등으로 데이터를 요약할 수 있습니다.

01 데이터 정렬하기 ★

1 '도서현황.xlsx' 파일을 불러와 [B4] 셀을 선택한 다음 [데이터] 탭의 [정렬 및 필터] 그룹에서 🔤(정렬)을 클릭합니다.

2 [정렬] 대화상자에서 정렬 기준은 '분류', 정렬 기준은 '값', 정렬은 '오름차순'으로 선택합니다.

3 [기준 추가]를 클릭하여 다음 기준은 '주문량', 정렬 기준은 '값', 정렬은 '내림차순'으로 선택합니다.

TIP

하나의 기준으로 데이터를 정렬하려면 ↓(텍스트 오름차순)과 ↑(텍스트 내림차순)을 클릭하면 됩니다.

4 그림과 같이 분류로 오름차순, 주문량으로 내림차순으로 데이터가 정렬된 것을 확인할 수 있습니다.

TIP

• 오름차순 : 작은 값에서 큰 값 순으로 정렬
• 내림차순 : 큰값에서 작은 값 순으로 정렬

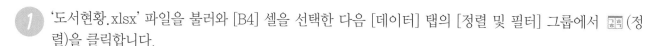

교보문고 도서 판매 내용

분류	도서명	출판사	주문량	재고량	재고금액
소 설	살인의 문	재인	9,550	5,451	75,000
소 설	작별	은행나무	8,550	8,661	95,200
소 설	인생 우화	연금술사	4,225	2,548	12,000
어 린 이	금방울전	대한겨레	5,580	15,880	750,000
어 린 이	어린이 시장 룰프	마카롱	4,580	1,010	21,000
어 린 이	실크로드 세계사	책과함께	4,258	8,612	93,000
여 행	토닥토닥, 숲길	예문아카이브	9,330	9,552	101,000
여 행	언니들의 여행법	모요사	8,610	1,200	32,000
요 리	다쿠아즈	더테이블	7,680	8,114	97,000
요 리	집에서 푸드 트립	니들북	3,586	3,568	54,120

① [B4] 셀을 선택한 다음 [데이터] 탭의 [윤곽선] 그룹에서 ▦·(부분합)을 클릭합니다.

② [부분합] 대화상자에서 그룹화할 항목을 '분류', 사용할 함수는 '합계', 부분합 계산 항목은 '주문량', '재고량', '재고금액'을 선택하고 [확인]을 클릭합니다.

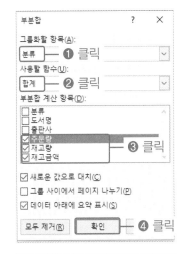

③ 다시 [B4] 셀을 선택한 다음 [데이터] 탭의 [윤곽선] 그룹에서 ▦·(부분합)을 클릭한 다음 [부분합] 대화상자에서 사용할 함수는 '평균'으로 선택하고, '새로운 값으로 대치'의 체크 표시를 해제한 다음 [확인]을 클릭합니다.

④ 그림과 같이 분류별로 부분합이 완성된 것을 확인할 수 있습니다.

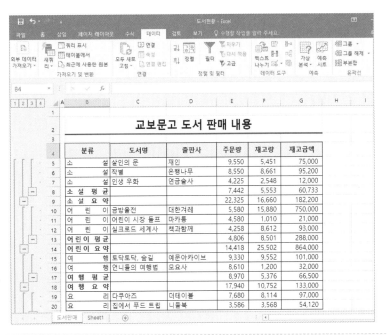

셀프 테스트

01 '예약현황.xlsx' 파일을 불러와 [예약현황] 시트에서 '지역' 별로 오름차순 정렬로 데이터를 정렬해 보세요.

지 역	예약번호	예약자명	예약일자	사용일수	사용인원	사용요금
			로얄호텔 지역별 예약현황			
강원도	W-3002-나	이주신	2019-05-06	3일	3명	₩ 300,000
강원도	W-3001-가	신상희	2019-05-06	3일	6명	₩ 300,000
강원도	W-3003-다	도서원	2019-05-28	2일	3명	₩ 200,000
경 주	K-2002-나	이윤열	2019-05-14	2일	2명	₩ 300,000
경 주	K-2001-가	전진웅	2019-05-07	2일	2명	₩ 200,000
경 주	K-2003-다	최여진	2019-05-20	3일	4명	₩ 350,000
제 주	J-1001-가	최인혜	2019-05-06	3일	5명	₩ 300,000
제 주	J-1002-나	김안무	2019-05-08	3일	4명	₩ 300,000
제 주	J-1003-다	박서준	2019-05-28	2일	3명	₩ 250,000

02 '예약현황.xlsx' 파일의 [부분합] 시트에서 '지역'별 사용인원과 사용요금에 대한 합계를 구하는 부분합을 작성해 보세요.

지 역	예약번호	예약자명	예약일자	사용일수	사용인원	사용요금
			로얄호텔 지역별 예약현황			
강원도	W-3002-나	이주신	2019-05-06	3일	3명	₩ 300,000
강원도	W-3001-가	신상희	2019-05-06	3일	6명	₩ 300,000
강원도	W-3003-다	도서원	2019-05-28	2일	3명	₩ 200,000
강원도 요약					12명	₩ 800,000
경 주	K-2002-나	이윤열	2019-05-14	2일	2명	₩ 300,000
경 주	K-2001-가	전진웅	2019-05-07	2일	2명	₩ 200,000
경 주	K-2003-다	최여진	2019-05-20	3일	4명	₩ 350,000
경 주 요약					8명	₩ 850,000
제 주	J-1001-가	최인혜	2019-05-06	3일	5명	₩ 300,000
제 주	J-1002-나	김안무	2019-05-08	3일	4명	₩ 300,000
제 주	J-1003-다	박서준	2019-05-28	2일	3명	₩ 250,000
제 주 요약					12명	₩ 850,000
총합계					32명	₩ 2,500,000

'11월매출.xlsx' 파일을 불러와 구분별 [매출현황] 시트에서 '오름차순'으로 구분이 같으면 판매량으로 '내림차순' 정렬해 보세요.

안시성 11월 매출현황

구분	메뉴	단가	판매량	총판매액	서비스
면류	짬뽕	6,000	1,248	7,488,000원	
면류	짜장면	5,000	1,165	5,825,000원	
면류	간짜장	5,500	978	5,379,000원	
면류	볶음짬뽕	6,500	890	5,785,000원	
밥류	짬뽕밥	6,000	860	5,160,000원	
밥류	볶음밥	6,000	770	4,620,000원	
밥류	잡채밥	7,000	450	3,150,000원	
세트	짬뽕+탕수육	15,000	1,125	16,875,000원	군만두
세트	짜장면+탕수육	14,000	1,045	14,630,000원	군만두
세트	탕수육+양장피	38,000	320	12,160,000원	군만두+짬뽕국물
세트	유산슬+팔보채	40,000	240	9,600,000원	군만두+짬뽕국물

 '11월매출.xlsx' 파일의 [부분합] 시트에서 메뉴의 개수와, 판매량, 총판매액의 합계를 구하는 부분합을 작성해 보세요.

안시성 11월 매출현황

구분	메뉴	단가	판매량	총판매액	서비스
면류	짬뽕	6,000	1,248	7,488,000원	
면류	짜장면	5,000	1,165	5,825,000원	
면류	간짜장	5,500	978	5,379,000원	
면류	볶음짬뽕	6,500	890	5,785,000원	
면류 요약			4,281	24,477,000원	
면류 개수	4				
밥류	짬뽕밥	6,000	860	5,160,000원	
밥류	볶음밥	6,000	770	4,620,000원	
밥류	잡채밥	7,000	450	3,150,000원	
밥류 요약			2,080	12,930,000원	
밥류 개수	3				
세트	짬뽕+탕수육	15,000	1,125	16,875,000원	군만두
세트	짜장면+탕수육	14,000	1,045	14,630,000원	군만두
세트	탕수육+양장피	38,000	320	12,160,000원	군만두+짬뽕국물
세트	유산슬+팔보채	40,000	240	9,600,000원	군만두+짬뽕국물
세트 요약			2,730	53,265,000원	
세트 개수	4				
총합계			9,091	90,672,000원	
전체 개수	11				

18 S·e·c·t·i·o·n 자동필터

많은 양의 데이터에서 조건에 만족하는 데이터만 표시하는 기능으로 숫자 필터, 텍스트 필터, 날짜 필터 등이 있습니다.

01 텍스트를 이용하여 필터 적용하기 ★

1 '급여명세서.xlsx' 파일을 불러와 [B4] 셀을 선택한 다음 [데이터] 탭의 [정렬 및 필터] 그룹에서 ▼(필터)를 클릭합니다. 부서명의 필터 단추를 클릭하여 '모두 선택'을 클릭하여 선택을 해제한 다음 '영업부'를 선택하고 [확인]을 클릭합니다.

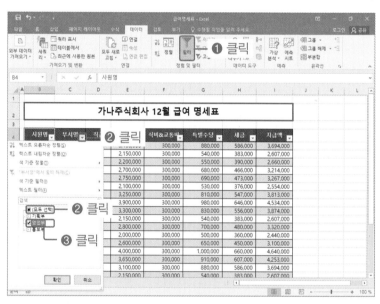

2 부서가 영업부인 데이터만 화면에 표시되는 것을 확인할 수 있습니다. 부서명에 적용된 필터를 해제하기 위해 필터 단추를 클릭하여 '"부서명"에서 필터 해제'를 클릭합니다.

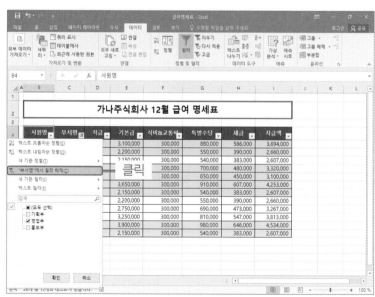

1 지급액이 '4,000,000' 이상인 데이터를 표시하기 위해 지급액 필터 단추를 클릭하여 [숫자 필터]-[크 거나 같음]을 클릭합니다.

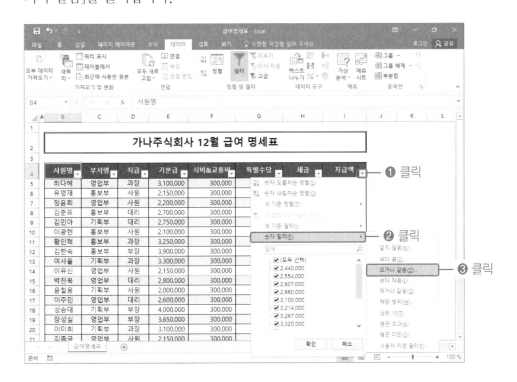

2 [사용자 지정 자동 필터] 대화상자에서 그림과 같이 조건을 지정하고 [확인]을 클릭하면 지급액이 4,000,000 이상인 데이터만 화면에 표시됩니다.

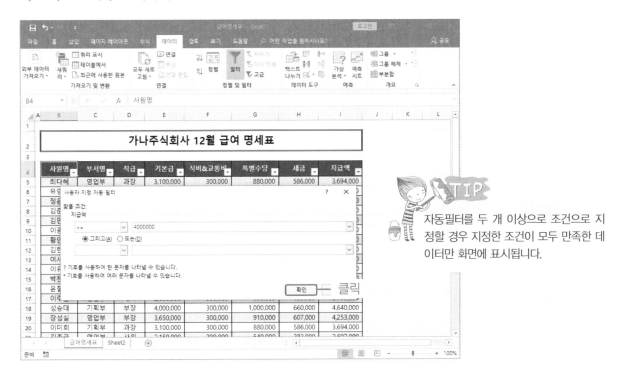

TIP
자동필터를 두 개 이상으로 조건으로 지 정할 경우 지정한 조건이 모두 만족한 데 이터만 화면에 표시됩니다.

셀프 테스트

01 '사원현황.xlsx' 파일을 불러와 성별이 '남'인 데이터만 화면에 표시해 보세요.

	사원명	성별	부서명	직위	근무년수	연락처	이메일
			햇발주식회사 사원 관리 현황				
5	오나라	남	홍보부	상무	40	010-5615-68**	onara9@abcde.net
6	유채화	남	홍보부	과장	15	010-6851-55**	u6851@abcde.net
9	조절해	남	기획부	부장	22	010-5518-58**	jo1004@abcde.net
10	사오정	남	기획부	차장	17	010-6677-58**	ojung@abcde.net
11	금나라	남	기획부	대리	11	010-6531-85**	6531love@abcde.net
14	하나미	남	생산부	과장	14	010-5875-31**	namiha@abcde.net
16	임진태	남	생산부	사원	1	010-7875-78**	04drink@abcde.net
18	피정우	남	영업부	과장	10	010-7756-63**	patkjy01@abcde.net
19	형민태	남	영업부	대리	7	010-5577-76**	cint1005@abcde.net
22	이가랑	남	기획부	부장	15	010-5685-51**	scattkic@abcde.net
23	송아인	남	생산부	과장	10	010-3165-55**	teasunok@abcde.net
26	신다솜	남	기획부	부장	16	010-5117-35**	5blue5@abcde.net
27	박영청	남	생산부	과장	11	010-1187-57**	88swlee@abcde.net
29	강승훈	남	홍보부	대리	4	010-9005-72**	9005csb@abcde.net

02 성별이 남인 데이터 중 근무년수가 10년 이상인 데이터만 화면에 표시해 보세요.

	사원명	성별	부서명	직위	근무년수	연락처	이메일
			햇발주식회사 사원 관리 현황				
5	오나라	남	홍보부	상무	40	010-5615-68**	onara9@abcde.net
6	유채화	남	홍보부	과장	15	010-6851-55**	u6851@abcde.net
9	조절해	남	기획부	부장	22	010-5518-58**	jo1004@abcde.net
10	사오정	남	기획부	차장	17	010-6677-58**	ojung@abcde.net
11	금나라	남	기획부	대리	11	010-6531-85**	6531love@abcde.net
14	하나미	남	생산부	과장	14	010-5875-31**	namiha@abcde.net
18	피정우	남	영업부	과장	10	010-7756-63**	patkjy01@abcde.net
22	이가랑	남	기획부	부장	15	010-5685-51**	scattkic@abcde.net
23	송아인	남	생산부	과장	10	010-3165-55**	teasunok@abcde.net
26	신다솜	남	기획부	부장	16	010-5117-35**	5blue5@abcde.net
27	박영청	남	생산부	과장	11	010-1187-57**	88swlee@abcde.net

'와인현황.xls' 파일을 불러와 제품코드가 "A"로 시작하고, 구분이 '레드'인 데이터를 화면에 표시해 보세요.

	A	B	C	D	E	F	G	H
1								
2				와인 수입 현황				
3								
4		제품코드	생산지	구분	수입량	수입가	판매가	판매량
7		AMS-14	독일	레드	27,000	19,500	35,000	17,204
11		AMS-88	독일	레드	22,000	19,500	35,000	24,157
15		AEA-03	칠레	레드	22,000	25,000	37,000	12,424
17		AEA-77	칠레	레드	22,500	8,000	11,000	21,594
19		AUW-88	호주	레드	24,000	17,000	31,000	14,529
22		AUW-44	호주	레드	24,300	14,000	19,000	21,597
23								
24								

TIP

[텍스트 필터]–[시작 문자]를 클릭하여 [사용자 지정 자동 필터]에서 필터 조건을 '시작 문자'로 지정하고 "A"를 입력합니다.

 '앨범판매.xls' 파일을 불러와 장르가 '가요'이면서 파일크기가 '300' 이상인 데이터만 화면에 표시해 보세요.

	A	B	C	D	E	F	G	H
1								
2				앨범판매내역				
3								
4		파일코드	장르	아티스트	기획사	다운로드수	판매액	파일크기
12		K0124-01	가요	이선희	Hook	10,254	5,127,000	322
16		K0324-01	가요	최호섭	서울음반	289	144,500	300
17		K1023-05	가요	Brown Eyed Girls	서울음반	8,039	4,823,400	807
18		K2041-05	가요	김동률	엠넷미디어	29,780	17,868,000	1,092
19		K2041-03	가요	김동률	엠넷미디어	10,900	6,540,000	980
22								

19 표 만들기

S·e·c·t·i·o·n

표를 만들어서 데이터를 간편하게 그룹화하고 분석할 수 있으며, 표에 간편하게 서식을 지정하고 디자인 스타일을 적용할 수도 있습니다.

01 표 삽입하고 스타일 설정하기 ★

1 '매입매출.xlsx' 파일을 불러옵니다. [B2] 셀을 선택한 다음 삽입] 탭의 [표] 그룹에서 ▦(표)를 클릭합니다.

2 [표 만들기] 대화상자에서 데이터 영역을 확인하고 '머리글 포함'에 체크 표시를 한 후 [확인]을 클릭합니다.

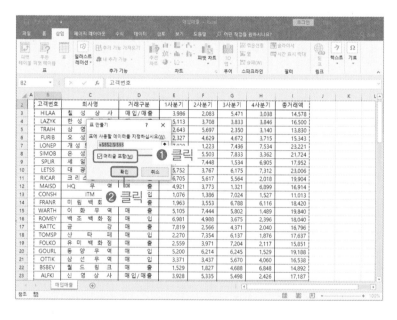

3 [표 도구]-[디자인] 탭의 [표 스타일] 그룹에서 '파랑, 표 스타일 보통 12'를 선택합니다.

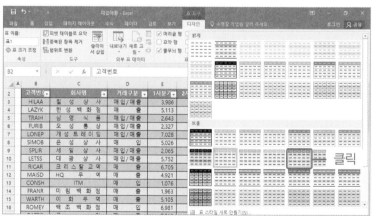

1 [표 도구]-[디자인] 탭의 [표 스타일 옵션] 그룹에서 '요약 행'을 클릭하여 체크 표시를 하면 데이터 마지막 행에 요약행이 삽입됩니다.

2 거래구분의 요약행 목록 단추를 클릭하여 사용할 함수를 '개수'로 선택합니다.

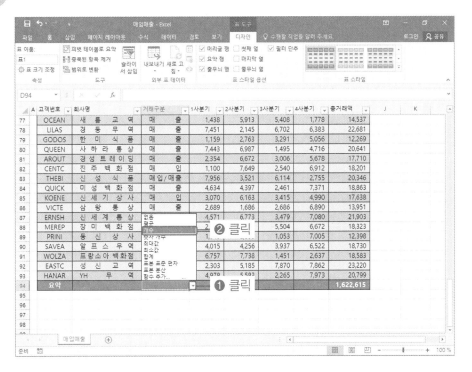

3 이번에는 1사분기부터 총금액 요약 행의 함수를 '합계'로 지정하면 각 데이터의 합계가 자동으로 나타납니다.

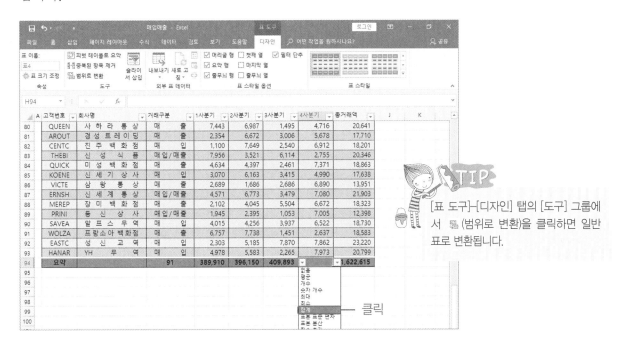

TIP
[표 도구]-[디자인] 탭의 [도구] 그룹에서 🔲(범위로 변환)을 클릭하면 일반 표로 변환됩니다.

① 거래구분이 '매출'이면서 총거래액이 '20000' 이상인 데이터만 화면에 표시하기 위해 거래구분 필터
(▼) 단추를 클릭하여 '매출'을 선택하고, 총거래액 필터(▼) 단추를 클릭하여 [숫자 필터]-[크거나 같
음]을 선택합니다.

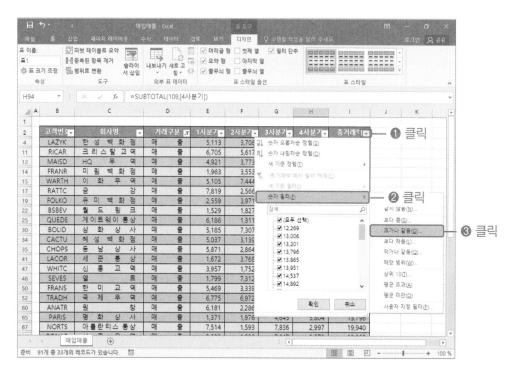

② [사용자 지정 자동 필터] 대화상자에서 찾을 조건을 그림과 같이 설정한 다음 [확인]을 클릭합니다.

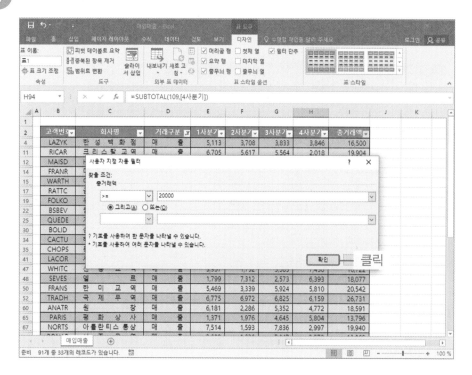

③ 화면에 표시된 데이터만 복사하기 위해 요약 행을 제외한 데이터를 블록 설정한 다음 **Ctrl** + **C** 를 눌러 복사합니다.

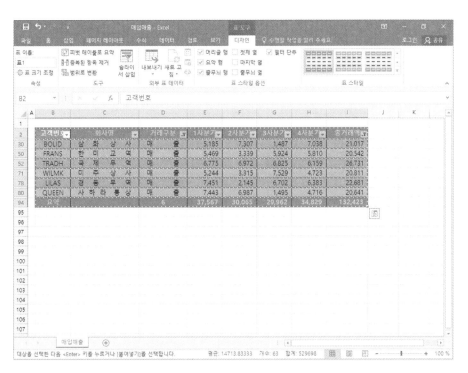

④ 시트 탭에서 ⊕ (새 시트)를 클릭하여 새로운 워크시트를 삽입합니다. 새로 삽입된 시트의 [B2] 셀을 선택한 다음 **Ctrl** + **V** 를 눌러 복사한 데이터를 붙여넣기하고 셀의 높이와 너비를 조절합니다.

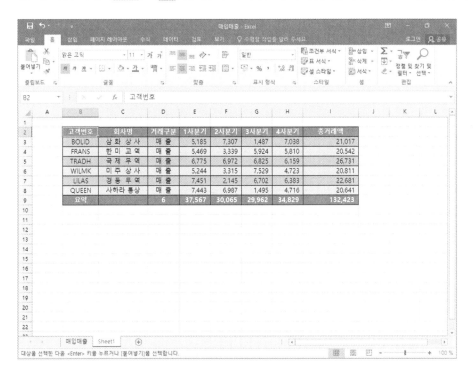

01 '퇴직자현황.xlsx' 파일을 불러와 표를 삽입하고 표 스타일을 '주황, 표 스타일 보통 3'으로 설정해 보세요.

	A	B	C	D	E	F	G	H
1								
2		성명	주민등록번호	성별	부서	직위	입사일	퇴사일
3		강석중	800124-2******	여	총무부	이사	1996-10-29	1999-03-31
4		양태봉	940823-1******	남	총무부	이사	1996-05-27	1999-05-31
5		전용현	810128-1******	남	총무부	부장	1996-04-04	2000-06-09
6		이민환	950526-1******	남	영업부	이사	1998-01-01	2001-05-06
7		김하늘	910517-1******	남	영업부	대리	1998-09-24	2002-07-01
8		김윤경	810802-1******	남	영업부	부장	2000-10-14	2004-03-13
9		이영근	810706-1******	남	영업부	이사	2000-07-01	2004-04-03
10		박출하	850715-1******	남	홍보부	부장	2000-03-01	2004-05-05
11		노성일	911204-1******	남	영업부	과장	1998-05-21	2004-10-28
12		윤석현	841020-2******	여	홍보부	대리	1999-01-30	2004-11-28
13		김완식	940721-1******	남	홍보부	이사	2000-09-02	2004-12-03
14		유철형	910522-1******	남	홍보부	부장	1996-05-18	2005-04-14
15		이재원	830313-1******	남	홍보부	부장	1996-04-01	2005-06-27
16		황인의	920126-1******	남	영업부	부장	1998-08-09	2010-01-21
17		한재경	900124-1******	남	총무부	이사	1998-03-31	2011-02-07
18		노국희	850618-1******	남	홍보부	부장	1996-10-13	2010-03-08
19		서은미	861119-2******	여	영업부	과장	2000-07-04	2012-06-22

02 요약행을 추가하여 성별이 '남'인 데이터의 개수를 요약행에 표시하고 결과 뒤에 "명"이 표시되게 표시 형식을 설정해 보세요.

	A	B	C	D	E	F	G	H
1								
2		성명	주민등록번호	성별	부서	직위	입사일	퇴사일
4		양태봉	940823-1******	남	총무부	이사	1996-05-27	1999-05-31
5		전용현	810128-1******	남	총무부	부장	1996-04-04	2000-06-09
6		이민환	950526-1******	남	영업부	이사	1998-01-01	2001-05-06
7		김하늘	910517-1******	남	영업부	대리	1998-09-24	2002-07-01
8		김윤경	810802-1******	남	영업부	부장	2000-10-14	2004-03-13
9		이영근	810706-1******	남	영업부	이사	2000-07-01	2004-04-03
10		박출하	850715-1******	남	홍보부	부장	2000-03-01	2004-05
11		노성일	911204-1******	남	영업부	과장	1998-05-21	2004-10
13		김완식	940721-1******	남	홍보부	이사	2000-09-02	2004-12
14		유철형	910522-1******	남	홍보부	부장	1996-05-18	2005-04
15		이재원	830313-1******	남	홍보부	부장	1996-04-01	2005-06-27
16		황인의	920126-1******	남	영업부	부장	1998-08-09	2010-01-21
17		한재경	900124-1******	남	총무부	이사	1998-03-31	2011-02-07
18		노국희	850618-1******	남	홍보부	부장	1996-10-13	2010-03-08
22		김평식	800511-1******	남	총무부	대리	2000-09-22	2007-03-11
23		요약		15명				

TIP

숫자 결과 뒤에 "명"을 표시하려면 [셀 서식] 대화상자의 [표시 형식] 탭에서 "사용자 지정"을 선택한 다음 "#0명"을 입력합니다.

'제품판매현황.xlsx' 파일을 불러와 표를 삽입하고 표 스타일을 '녹색, 표 스타일 보통 21'으로 설정하고, 요약행을 표시하세요. 제품명에는 개수, 단가, 수량, 금액에는 평균을 구해 보세요.

	판매일자	거래처	제품명	단가	수량	금액	판매담당	
68	2019.12.03	세계통신	모니터	520,000	30	15,600,000	장윤정	
69	2019.07.22	온정유통	스캐너	302,000	50	15,100,010	이은주	
70	2019.08.17	세계통신	스캐너	302,000	50	15,100,010	장윤정	
71	2019.12.22	온정유통	모뎀	180,000	29	5,220,000	장윤정	
72	2019.03.02	우리컴퓨터	모뎀	150,000	28	4,200,000	장윤정	
73	2019.03.07	온정유통	모니터	520,000	28	14,560,000	김정열	
74	2019.05.07	대한산업	스캐너	302,000	48	14,496,010	장옥희	
75	2019.02.21	한본미디어	모뎀	180,000	47	8,460,000	김정열	
76	2019.10.13	세계통신	스캐너	302,000	47	14,194,009	김정열	
77	2019.03.01	우리컴퓨터	모니터	520,000	27	14,040,000	장윤정	
78	2019.07.21	세계통신	모니터	520,000	27	14,040,000	김정열	
79	2019.11.24	온정유통	모니터	520,000	27	14,040,000	김정열	
80	2019.06.13	우리컴퓨터	스캐너	302,000	45	13,590,009	윤종극	
81	2019.02.26	우리컴퓨터	모니터	520,000	26	13,520,000	이은주	
82	2019.07.17	대한산업	모니터	520,000	26	13,520,000	김정열	
83	2019.10.03	세계통신	모니터	520,000	26	13,520,000	장옥희	
84	2019.10.10	세계통신	모니터	520,000	25	13,000,000	김정열	
85	2019.02.21	우리컴퓨터	스캐너	302,000	42	12,684,008	장윤정	
86	2019.05.23	우리컴퓨터	스캐너	302,000	42	12,684,008	김정열	
87	2019.01.07	우리컴퓨터	스캐너	302,000	41	12,382,008	장옥희	
88	2019.07.04	우리컴퓨터	스캐너	302,000	41	12,382,008	장윤정	
89	2019.12.10	한본미디어	스캐너	302,000	41	12,382,008	장옥희	
90	2019.05.22	우리컴퓨터	스캐너	302,000	40	12,080,008	김정열	
91	2019.08.22	세계통신	모니터	520,000	23	11,960,000	장옥희	
92	2019.11.20	세계통신	모니터	520,000	23	11,960,000	이은주	
93	2019.10.07	대한산업	스캐너	302,000	39	11,778,008	이은주	
94	요약		91	405,451	44.033	17,314,991		
95								

요약 목록 단추를 클릭하여 '없음'을 선택하여 값을 표시하지 않을 수 있습니다.

 제품명이 '모뎀' 또는 '스캐너'이면서 수량이 '50' 이상인 데이터만 새로운 시트에 그림과 같이 복사해 보세요.

	A	B	C	D	E	F	G	H
1								
2		판매일자	거래처	제품명	단가	수량	금액	판매담당
3		2019.01.30	온정유통	모뎀	180,000	59	10,620,000	장윤정
4		2019.07.12	온정유통	모뎀	150,000	55	8,250,000	장옥희
5		2019.10.10	우리컴퓨터	모뎀	150,000	52	7,800,000	이은주
6		2019.03.31	우리컴퓨터	모뎀	150,000	50	7,500,000	김정열
7		2019.02.28	온정유통	모뎀	150,000	59	8,850,000	장옥희
8		2019.04.03	한본미디어	스캐너	302,000	59	17,818,012	이은주
9		2019.12.05	우리컴퓨터	스캐너	302,000	58	17,516,012	윤종극
10		2019.05.28	대한산업	스캐너	302,000	57	17,214,011	장옥희
11		2019.07.29	한본미디어	모뎀	180,000	57	10,260,000	이은주
12		2019.04.29	온정유통	모뎀	180,000	55	9,900,000	윤종극
13		2019.05.21	우리컴퓨터	모뎀	150,000	55	8,250,000	장옥희
14		2019.10.15	대한산업	스캐너	302,000	55	16,610,011	김정열
15		2019.11.22	대한산업	스캐너	302,000	55	16,610,011	장윤정
16		2019.02.18	온정유통	모뎀	150,000	54	8,100,000	장옥희
17		2019.08.01	대한산업	스캐너	302,000	54	16,308,011	김정열
18		2019.12.17	세계통신	스캐너	302,000	54	16,308,011	윤종극
19		2019.11.13	우리컴퓨터	스캐너	302,000	53	16,006,011	이은주
20		2019.05.16	대한산업	스캐너	302,000	52	15,704,010	김정열
21		2019.11.13	온정유통	스캐너	302,000	52	15,704,010	장옥희
22		2019.12.17	세계통신	스캐너	302,000	52	15,704,010	윤종극
23		2019.07.22	온정유통	스캐너	302,000	50	15,100,010	이은주
24		2019.08.17	세계통신	스캐너	302,000	50	15,100,010	장윤정

20 피벗 테이블 설정하기

S·e·c·t·i·o·n

많은 양의 데이터를 빠르게 요약할 때 사용하는 도구로 사용자가 원하는 결과만 강조하기 위해 확장 또는 축소할 수 있으며, 행과 열을 이동하여 다양한 방식으로 원본 데이터를 표현할 수 있습니다.

01 피벗 테이블 만들기 ★

1 '거래현황.xlsx' 파일을 불러옵니다. [B4] 셀을 선택한 다음 [삽입] 탭의 [표] 그룹에서 (피벗 테이블)을 클릭합니다.

2 [피벗 테이블 만들기] 대화상자에서 표 또는 범위 선택 영역을 확인한 다음 '새 워크시트'를 선택한 후 [확인]을 클릭합니다.

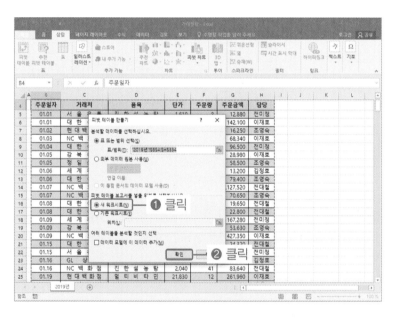

3 [Sheet1] 시트 탭의 이름을 "거래분석"으로 이름을 변경한 다음 [피벗 테이블 필드] 창에서 필드 단추를 그림과 같이 필터, 열, 행, 값 영역으로 드래그합니다.

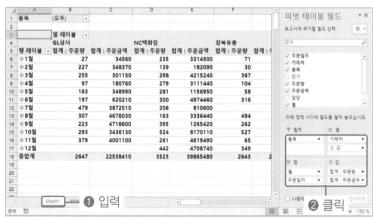

④ 행 영역의 월 목록 단추를 클릭하여 [필드 제거]를 클릭하여 월 필드를 행 영역에서 삭제합니다.

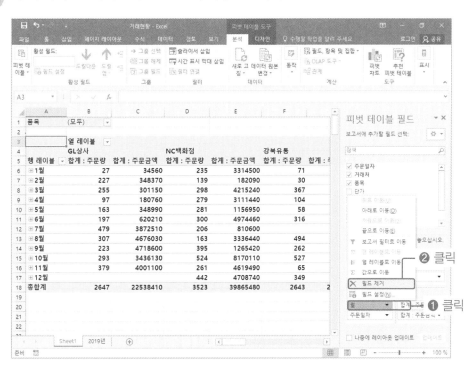

⑤ [B3] 셀에는 "거래처", [A5] 셀에는 "주문일자"를 입력하여 열 레이블과 행 레이블의 이름을 변경합니다.

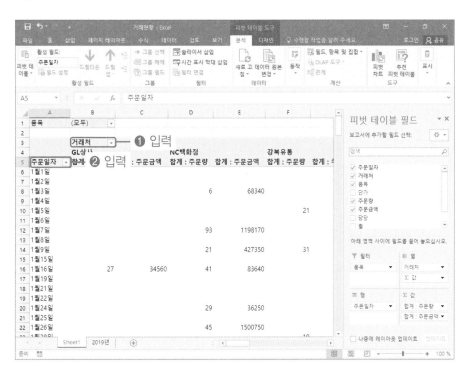

1 주문일자를 월 단위로 그룹을 설정하기 위해 [A6] 셀에서 마우스 오른쪽 단추를 클릭하여 [그룹]을 선택합니다.

2 [그룹화] 대화상자에서 '월'만 선택하고 [확인]을 클릭합니다.

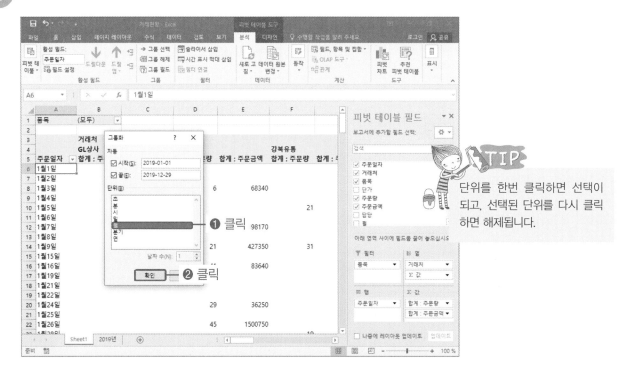

단위를 한번 클릭하면 선택이 되고, 선택된 단위를 다시 클릭하면 해제됩니다.

3 [C6] 셀에서 마우스 오른쪽 단추를 클릭하여 [값 필드 설정]을 클릭합니다. [값 필드 설정] 대화상자에서 요약에 사용할 계산 유형을 '평균'으로 선택하고 [표시 형식]을 클릭합니다.

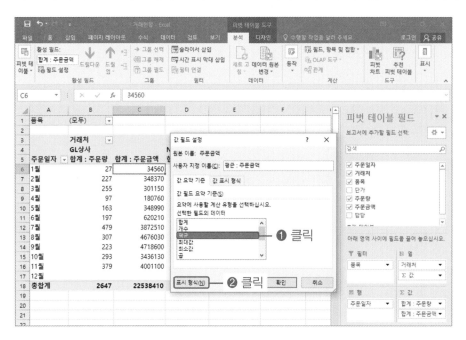

④ [셀 서식] 대화상자의 [표시 형식] 탭에서 범주를 '숫자'로 지정하고 '1000 단위 구분 기호(,) 사용'에
체크 표시를 한 후 [확인]을 클릭한 다음 [값 필드 설정] 대화상자에서 [확인]을 클릭합니다.

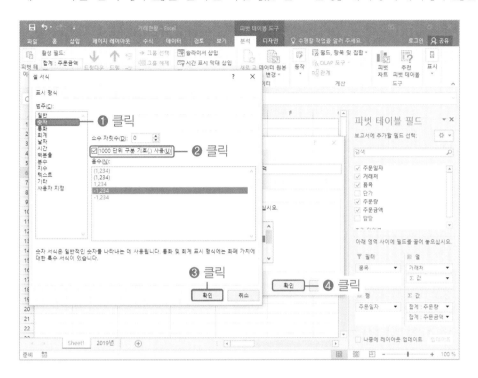

⑤ [피벗 테이블 도구]-[분석] 탭의 📋 (피벗 테이블)-[옵션]을 클릭합니다. [피벗 테이블 옵션] 대화상
자의 [레이아웃 및 서식] 탭에서 '레이블이 있는 셀 병합 및 가운데 맞춤'에 체크 표시하고, 빈 셀 표시
란에 "–"를 입력한 후 [확인]을 클릭합니다.

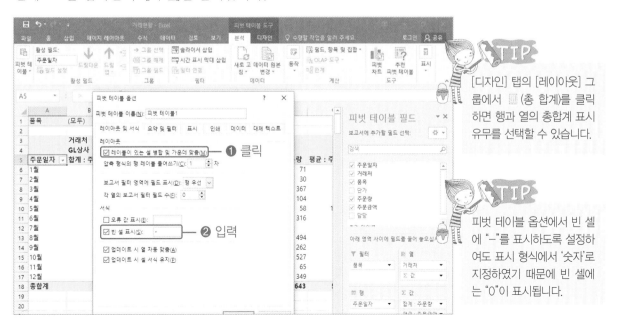

TIP

[디자인] 탭의 [레이아웃] 그
룹에서 📋 (총 합계)를 클릭
하면 행과 열의 총합계 표시
유무를 선택할 수 있습니다.

TIP

피벗 테이블 옵션에서 빈 셀
에 "–"를 표시하도록 설정하
여도 표시 형식에서 '숫자'로
지정하였기 때문에 빈 셀에
는 "0"이 표시됩니다.

6 품목의 목록 단추를 클릭하여 '짬뽕라면'을 선택하고 [확인]을 클릭하면 품목이 짬뽕라면인 데이터로 피벗 테이블이 만들어 집니다.

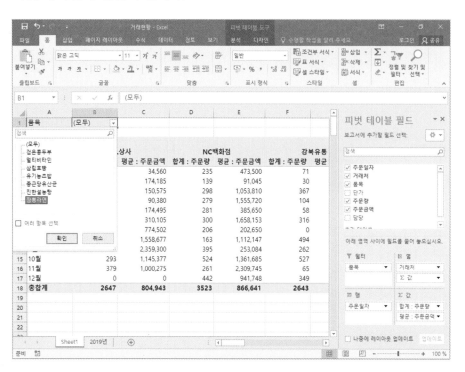

7 여러 항목으로 피벗 테이블을 만들기 위해 품목 목록 단추를 클릭하여 '여러 항목 선택'에 체크 표시를 한 후 '검은콩두부'와 '멀티비타민'만 선택하고 [확인]을 클릭합니다.

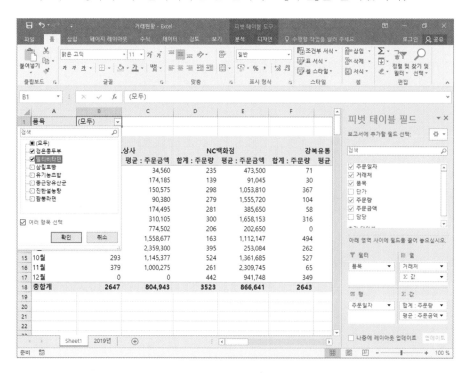

8 그림과 같이 '검은콩두부'와 '멀티비타민' 데이터로 피벗 테이블이 만들어 집니다. 거래처 목록 단추를 클릭하여 'GL상사'를 선택하면 GL 상사에서 검은콩두부과 멀티비타민에 대한 거래 내역을 확인할 수 있습니다.

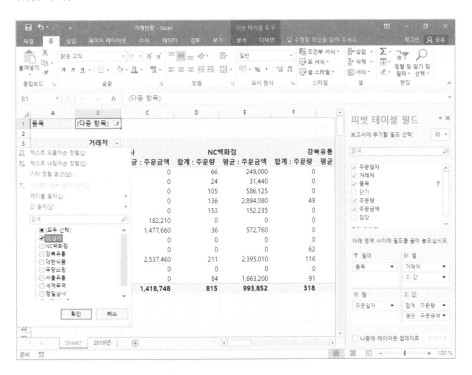

9 전체 데이터를 다시 화면에 표시하기 위해 품목 목록 단추를 클릭하여 '모두'를 선택하고 거래처 목록 단추를 클릭하여 '"거래처"에서 필터 해제'를 선택합니다.

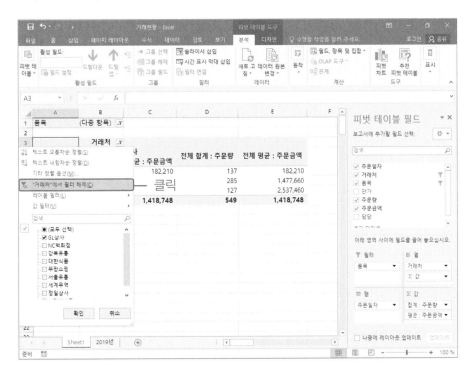

1 [피벗 테이블 도구]-[분석] 탭의 [필터] 그룹에서 ▦(슬라이서 삽입)을 클릭합니다. [슬라이서 삽입] 대화상자에서 '주문일자', '거래처', '품목', '담당'을 선택하고 [확인]을 클릭합니다.

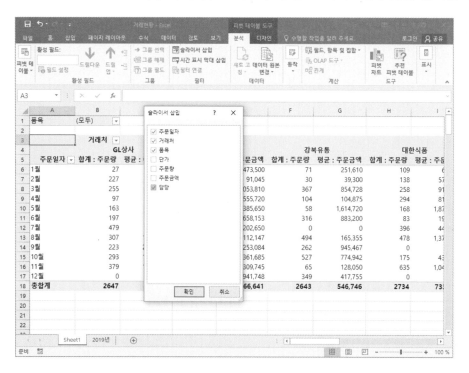

2 삽입된 슬라이서를 적당한 위치로 드래그하여 배치시킨 다음 [슬라이서 도구]-[옵션] 탭의 [슬라이스 스타일] 그룹에서 원하는 스타일을 각각 지정합니다.

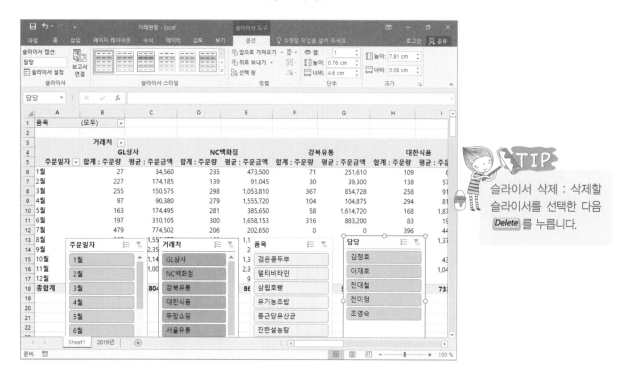

TIP
슬라이서 삭제 : 삭제할 슬라이서를 선택한 다음 Delete 를 누릅니다.

③ 주문일자에서 '2월'을 클릭하면 전체 데이터에서 2월에 거래된 내역을 확인할 수 있습니다.

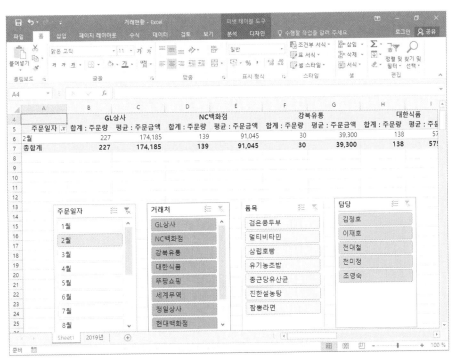

④ '3월'과 '5월'에 거래된 내역을 확인하기 위해 주문일자에서 '3월'을 선택한 다음 **Ctrl** 을 누른 상태로 '5월'을 클릭합니다.

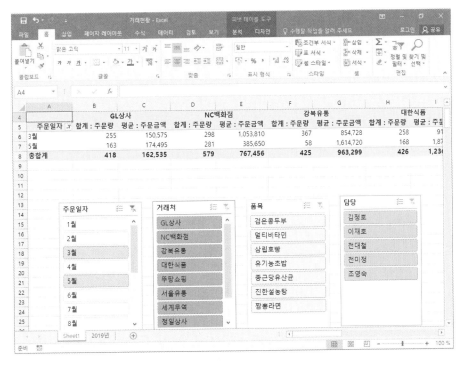

5 주문일자 필터를 제거하기 위해 주문일자 슬라이서의 ⌦ (필터 지우기)를 클릭합니다.

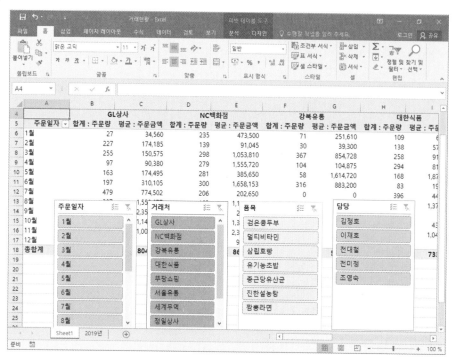

6 NC백화점에서 전대철이 거래한 멀티비타민의 데이터를 분석하기 위해 거래처는 'NC백화점', 품목은 '멀티비타민', 담당은 '전대철'을 선택하면 해당 조건에 맞는 피벗 테이블이 완성됩니다.

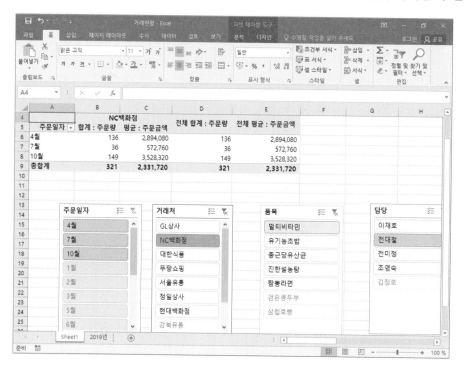

셀프 테스트

01 '회원현황.xlsx' 파일을 불러와 '회원현황' 시트의 데이터를 이용하여 [종목분석] 시트의 [B2] 셀부터 그림과 같이 피벗 테이블을 작성해 보세요.

	A	B	C	D	E	F	G	H
1								
2		종목	(모두) ▼					
3								
4		합계 : 회비납부	관리담당 ▼					
5		가입일 ▼	강혜미	김연희	김인원	문봉기	박해영	총합계
6		1월	350000	200000		390000	1200000	2140000
7		2월	500000	300000	120000	390000	600000	1910000
8		3월	200000	400000		270000	800000	1670000
9		4월	350000	150000	320000	120000	250000	1190000
10		5월	350000	200000	560000	150000	700000	1960000
11		6월			120000			120000

TIP 피벗 테이블 삽입 위치 설정 : [피벗 테이블 만들기] 대화상자에서 피벗 테이블 보고서를 넣을 위치를 '기존 워크시트'를 선택한 다음 위치란을 클릭한 다음 '종목분석' 시트의 [B2] 셀을 선택합니다.

02 합계 금액에 '통화' 표시형식을 설정하고 빈 셀에는 "미납"을 표시하고, 종목에 기초수영과 중급수영에 대한 데이터만 나타나도록 피벗 테이블을 작성해 보세요.

	A	B	C	D	E
1					
2		종목	(다중 항목) ▼		
3					
4		합계 : 회비납부	관리담당 ▼		
5		가입일 ▼	김인원	문봉기	총합계
6		1월	미납	₩ 240,000	₩ 240,000
7		2월	₩ 120,000	₩ 240,000	₩ 360,000
8		3월	미납	₩ 120,000	₩ 120,000
9		4월	₩ 120,000	₩ 120,000	₩ 240,000
10		5월	₩ 360,000	미납	₩ 360,000
11		6월	₩ 120,000	미납	₩ 120,000

03 '직거래현황.xlsx' 파일을 불러와 '판매현황' 시트의 데이터를 이용하여 [판매분석] 시트의 [B2] 셀부터 그림과 같이 피벗 테이블을 작성해 보세요.

합계 : 판매금액	제품분류 ▼				
판매일자 ▼	골드키위	아이스홍시	안동사과	청매실	하우스귤
1월	189,710	130,620	504,250	1,193,400	248,520
2월	103,540	43,950	341,500	1,052,100	213,870
3월	154,040	128,460	484,500	890,100	334,360
4월	143,180	90,080	607,250	895,050	216,180
5월	209,940	99,300	631,250	1,602,000	435,270
6월	66,230	50,120	513,000	1,239,750	325,370
7월	161,190	148,270	458,000	2,390,850	402,360
8월	86,110	164,850	627,250	1,044,900	286,080
9월	339,950	46,880	309,750	1,409,850	246,050
10월	225,860	94,040	205,500	738,900	397,430
11월	164,450	77,840	682,500	1,000,350	354,380
12월	291,060	157,160	1,465,250	1,755,140	452,100

TIP
[피벗 테이블 도구]-[디자인] 탭의 [피벗 테이블 스타일] 그룹에서 피벗 테이블의 디자인을 설정할 수 있습니다.

04 슬라이서를 삽입하여 1월과 3월에 아이스홍시와 청매실 판매 금액이 나타나도록 해 보세요.

합계 : 판매금액	제품분류 ▼		판매일자	제품분류
판매일자 ▼	아이스홍시	청매실	1월	골드키위
1월	130,620	1,193,400	2월	아이스홍시
3월	128,460	890,100	3월	안동사과
			4월	청매실
			5월	하우스귤
			6월	
			7월	
			8월	

종합문제

종합문제

종합문제 1. 다음 지시사항에 따라 문서를 작성하고 "광고제작.xlsx" 로 저장해 보세요.

 조건1 그림과 같이 데이터를 입력한 다음 [A] 열의 너비를 "1"로 설정하고 시트명을 "광고제작"으로 변경해 보세요.

	광고번호	분류	계약일	광고상품	광고종류	제작비 (단위:원)	계약기간	월광고비 (단위:원)	총광고비 (단위:원)
	하나기획 광고제작 현황								
	할인율	0.09							
	광고번호	분류	계약일	광고상품	광고종류	제작비 (단위:원)	계약기간	월광고비 (단위:원)	총광고비 (단위:원)
	S1-07	의류	2018-12-04	유아복	지하철	1320000	5	750000	
	C1-09	화장품	2018-05-06	여성향수	신문	1085000	7	1155000	
	S2-10	의류	2018-09-06	등산복	온라인	1440000	3	440000	
	E1-08	교육	2019-10-02	영어회화	지하철	2070000	6	770000	
	C2-11	화장품	2019-02-19	기초세트	신문	1133000	5	1500000	
	C3-07	화장품	2018-02-05	남성향수	온라인	1420000	4	1080000	
	S3-11	의류	2018-09-06	영캐주얼	온라인	975000	4	665000	
	E2-08	교육	2018-07-17	하나스터디	지하철	1180000	8	1836000	

조건2 그림과 같이 셀 서식을 설정하고 숫자는 회계 서식을 설정하고 계약기간(H6:H13)의 숫자 뒤에 "개월"을 표시해 보세요.

	광고번호	분류	계약일	광고상품	광고종류	제작비 (단위:원)	계약기간	월광고비 (단위:원)	총광고비 (단위:원)
				하나기획 광고제작 현황					
	할인율	9%							
	광고번호	분류	계약일	광고상품	광고종류	제작비 (단위:원)	계약기간	월광고비 (단위:원)	총광고비 (단위:원)
	S1-07	의류	2018-12-04	유아복	지하철	1,320,000	5개월	750,000	
	C1-09	화장품	2018-05-06	여성향수	신문	1,085,000	7개월	1,155,000	
	S2-10	의류	2018-09-06	등산복	온라인	1,440,000	3개월	440,000	
	E1-08	교육	2019-10-02	영어회화	지하철	2,070,000	6개월	770,000	
	C2-11	화장품	2019-02-19	기초세트	신문	1,133,000	5개월	1,500,000	
	C3-07	화장품	2018-02-05	남성향수	온라인	1,420,000	4개월	1,080,000	
	S3-11	의류	2018-09-06	영캐주얼	온라인	975,000	4개월	665,000	
	E2-08	교육	2018-07-17	하나스터디	지하철	1,180,000	8개월	1,836,000	

조건3 총광고비는 제작비(단위:원), 계약기간, 월광고비(단위:원), 할인율을 이용하여 구해 보세요.

광고번호	분류	계약일	광고상품	광고종류	제작비 (단위:원)	계약기간	월광고비 (단위:원)	총광고비 (단위:원)
	할인율	9%						
S1-07	의류	2018-12-04	유아복	지하철	1,320,000	5개월	750,000	4,732,500
C1-09	화장품	2018-05-06	여성향수	신문	1,085,000	7개월	1,155,000	8,442,350
S2-10	의류	2018-09-06	등산복	온라인	1,440,000	3개월	440,000	2,641,200
E1-08	교육	2019-10-02	영어회화	지하철	2,070,000	6개월	770,000	6,274,200
C2-11	화장품	2019-02-19	기초세트	신문	1,133,000	5개월	1,500,000	7,958,000
C3-07	화장품	2018-02-05	남성향수	온라인	1,420,000	4개월	1,080,000	5,351,200
S3-11	의류	2018-09-06	영캐주얼	온라인	975,000	4개월	665,000	3,395,600
E2-08	교육	2018-07-17	하나스터디	지하철	1,180,000	8개월	1,836,000	14,546,080

하나기획 광고제작 현황

조건4 총광고비의 상위 3개 항목의 글꼴색(흰색), 글꼴 스타일(굵게), 셀 음영색(빨강)을 적용해 보세요.

광고번호	분류	계약일	광고상품	광고종류	제작비 (단위:원)	계약기간	월광고비 (단위:원)	총광고비 (단위:원)
	할인율	10%						
S1-07	의류	2018-12-04	유아복	지하철	1,320,000	5개월	750,000	1,695,000
C1-09	화장품	2018-05-06	여성향수	신문	1,085,000	7개월	1,155,000	**1,893,500**
S2-10	의류	2018-09-06	등산복	온라인	1,440,000	3개월	440,000	1,572,000
E1-08	교육	2019-10-02	영어회화	지하철	2,070,000	6개월	770,000	**2,532,000**
C2-11	화장품	2019-02-19	기초세트	신문	1,133,000	5개월	1,500,000	1,883,000
C3-07	화장품	2018-02-05	남성향수	온라인	1,420,000	4개월	1,080,000	1,852,000
S3-11	의류	2018-09-06	영캐주얼	온라인	975,000	4개월	665,000	1,241,000
E2-08	교육	2018-07-17	하나스터디	지하철	1,180,000	8개월	1,836,000	**2,648,800**

하나기획 광고제작 현황

묶음 도서 제작을 원할 경우 편집부에 문의 바랍니다.

전화 : 02-707-5314 / FAX : 02-707-5316

정보화 실무
한글 2010
두드림기획 지음 |
국배변형판 |
112쪽 |
6,000원 |

정보화 실무
엑셀 2010
두드림기획 지음 |
국배변형판 |
112쪽 |
6,000원 |

정보화 실무
파워포인트 2010
두드림기획 지음 |
국배변형판 |
112쪽 |
6,000원 |

정보화 실무
엑셀 2010
+파워포인트
2010
두드림기획 지음 |
국배변형판 |
224쪽 |
10,000원 |

정보화 실무
Windows10+
블로그
김신웅 지음 |
국배변형판 |
120쪽 |
7,000원 |

정보화 실무
한글 2014
김신웅 지음 |
국배변형판 |
120쪽 |
7,000원 |

정보화 실무
엑셀 2016
김수진 지음 |
국배변형판 |
120쪽 |
7,000원 |

정보화 실무
파워포인트 2016
김수진 지음 |
국배변형판 |
120쪽 |
7,000원 |